ENCONTROS DE COROINHAS

Edson Adolfo Deretti

ENCONTROS DE COROINHAS

Subsídios litúrgicos e vocacionais

Dados Internacionais de Catalogação na Publicação (CIP)
(Câmara Brasileira do Livro, SP, Brasil)

Deretti, Edson Adolfo
  Encontros de coroinhas : subsídios litúrgicos e vocacionais / Edson Adolfo Deretti. – 6. ed. – São Paulo : Paulinas, 2014.

  Bibliografia.
  ISBN 978-85-356-3790-8

  1. Acólitos 2. Educação religiosa de adolescentes 3. Encontros 4. Liturgia 5. Vocação religiosa I. Título.

14-05708   CDD-264.02

Índices para catálogo sistemático:
  1. Coroinhas : Encontros : Liturgia : Igreja Católica   264.02
  2. Encontros : Coroinhas : Liturgia : Igreja Católica   264.02

Citações bíblicas: *Bíblia Sagrada*, tradução da CNBB, 2. ed., 2002

Direção-geral: Flávia Reginatto
Editora responsável: Celina H. Weschenfelder
Assessoria litúrgica e adaptação: Antonio Francisco Lelo
Copidesque: Márcia Nunes
Coordenação de revisão: Andréia Schweitzer
Revisão: Leonilda Menossi
Direção de arte: Irma Cipriani
Gerente de produção: Felício Calegaro Neto
Projeto gráfico: Cristina Nogueira da Silva

6ª edição – 2014
4ª reimpressão – 2022

Nenhuma parte desta obra poderá ser reproduzida ou transmitida por qualquer forma e/ou quaisquer meios (eletrônico ou mecânico, incluindo fotocópia e gravação) ou arquivada em qualquer sistema ou banco de dados sem permissão escrita da Editora. Direitos reservados.

Paulinas
Rua Dona Inácia Uchoa, 62
04110-020 – São Paulo – SP (Brasil)
Tel.: (11) 2125-3500
http://www.paulinas.com.br
editora@paulinas.com.br
Telemarketing e SAC: 0800-7010081
© Pia Sociedade Filhas de São Paulo – São Paulo, 2006

Apresentação

Os coroinhas têm exercido, na história da Igreja, não apenas funções litúrgicas, como auxiliares das celebrações, mas também representam uma forma concreta de cultivo das diferentes vocações cristãs. Grande parte dos consagrados à vida religiosa e aos ministérios ordenados passou pelos grupos de coroinhas de nossas paróquias.

Com o objetivo de informar e formar meninos e meninas, nosso amigo Edson Adolfo Deretti, que cursou Teologia no Instituto Teológico de Santa Catarina (ITESC), preparou este trabalho, que ajudará na compreensão dos ritos e símbolos litúrgicos e na formação cristã dos adolescentes. Que este trabalho seja o primeiro de muitos outros voltados ao serviço da evangelização.

Pe. Valter Maurício Goedert
Professor do ITESC

*Deixai as crianças virem a mim.
Não as impeçais, pois delas é o Reino de Deus.
Em verdade vos digo:
aquele que não receber
o Reino de Deus como uma criança não entrará nele.
Então, abraçando-as, abençoou-as,
impondo as mãos sobre elas (cf. Mc 10,14b-16).*

Conversa inicial

Após cinco anos trabalhando com grupos de coroinhas, veio-me a idéia de escrever um livro sobre os encontros de formação de coroinhas. Pensei em fazer algo diferente dos materiais já existentes. Assim, de posse de algumas literaturas a respeito, pus-me ao trabalho, numa tentativa de inovação. O resultado está aí, em suas mãos: 19 encontros de formação.

Ao longo dos encontros, você perceberá que há um eixo temático constante: a vocação. Todo o material é vocacional. É um chamado ao "sim" de cada um, de cada uma.

Espero caminhar com você em todos os encontros. Sempre estarei em contato com você, seja na conversa inicial de cada encontro, seja em minhas orações. Torço por você, torço por seu grupo. Mesmo em momentos de desânimo, tenha coragem, pois o Senhor caminha ao nosso lado!

O autor

PARTE I
Iniciação litúrgica

Encontro I

Deus me chamou à vida

Hoje, *vamos iniciar um trabalho dedicado à vocação. É importante ter consciência de que o espírito vocacional impregna todas as nossas ações e palavras. Vamos nos apresentar e cantar!*

Tenha um santo encontro!

Sou pessoa

Quando nossa mãe, nosso pai ou seja quem for nos chama, rapidamente respondemos. Quem tem nome existe. Ou você já viu alguém que não tenha nome? Acredito que não, pois quem não o tem, na verdade, não existe. Só as coisas que têm nome existem. Você tem nome, eu tenho nome, todos nós temos nome. Logo, existimos! E se existimos, é porque um dia nascemos. E se nascemos, é porque alguém quis que nascêssemos.

Você sabe dizer quem foi que desejou nosso nascimento? Nossos pais, é verdade. Mas, antes deles, tem alguém muito especial, que nos amou desde antes da nossa concepção. Vamos dizer juntos o nome dele? Deus! Isso mesmo, foi ele quem nos desejou antes mesmo de estarmos no pensamento de nossos pais. Ainda que alguns pais não tivessem desejado o filho, Deus o fez e o amou muito.

Ninguém nasce por acaso, mas sim por Deus nos amar infinitamente. Ele vive pensando em nós, desejando que sejamos felizes, estejamos onde estivermos. Vamos ver o que nos diz a Bíblia?

> **ANTES MESMO DE TE FORMAR NO VENTRE MATERNO, EU TE CONHECI; ANTES QUE SAÍSSES DO SEIO, EU TE CONSAGREI (cf. Jr 1,5).**

Fui chamado à vida. Esta é a minha primeira vocação. E vivendo, Deus me chamou a ser pessoa. Eu sou pessoa, nasci como pessoa e por isso tenho o direito de ser chamado filho de Deus, e ter uma vida digna. Mas quantas pessoas, filhas de Deus, não têm seus direitos garantidos... Nós, como filhos de Deus, como irmãos, podemos deixar que uns tenham condições de viver dignamente e outros não? O que nós podemos fazer?

Eu sou único no universo. Não há ninguém que seja igual a mim! Só mesmo Deus para ser capaz de um milagre tão grandioso como esse. Ele nos fez diferentes uns dos outros para sermos únicos, para que não haja cópias, repetições. Vamos dizer juntos:

> **EU SOU ÚNICO!**
> **DEUS ME AMA DE FORMA ÚNICA!**

Cada um de nós é muito querido por Deus. A sua Palavra nos chamou à vida e nos tornou pessoas. Vivemos por causa da graça de Deus, que contou com a ajuda de nossos pais. Ele poderia ter-nos criado sozinho, mas por amar a sua criação, confia a ela uma grande responsabilidade na continuidade da vida. Sem Deus, não existiríamos. Sem nossos pais, também não. Isso é maravilhoso. Deus, mesmo podendo fazer tudo sozinho, conta com a nossa colaboração!

O QUE EU ESTOU FAZENDO PARA AJUDAR A OBRA DE DEUS?

Se Deus nos chamou, é porque confia muito em cada um de nós. Vamos descobrir o que ele quer de nós! Ele quer que sejamos felizes independentemente da profissão escolhida: professores, jogadores, cozinheiras, padres, freiras, missionárias, médicas, advogados... Não sei... Mas sei que por amor ele nos chamou e nos confiou a sua criação. Ele conta com a nossa ajuda!

ỶṀỶ Trabalho em grupo

1. Turma dividida em dois grupos. Cada um confecciona cartazes com frases e figuras sobre:
   - Grupo 1: Chamado à vida.
   - Grupo 2: Chamado a ser pessoa.

   Colam-se os cartazes na parede. Em seguida, cada grupo expõe o que desejou expressar.

2. Os mesmos grupos elaboram um poema ou uma carta com os temas relacionados a seguir, a serem lidos ao final do encontro:
   - Grupo 1: Porque Deus ama, ele nos chama à vida.
   - Grupo 2: Porque Deus ama, ele nos fez pessoas.

 **Em casa**

Com a ajuda dos pais, responda às seguintes perguntas:

1. Em que dia e local (capela, cidade) você foi batizado?
2. Cite o nome de seus padrinhos e a razão pela qual seus pais os escolheram.
3. Por que você foi batizado e quem presidiu a cerimônia?
4. Como foi a celebração? Vocês gostaram? Como você se comportou?
5. Quais lembranças do batismo você tem em sua casa?

Observação: Se possível, leve a vela ou fotos do dia do batismo para o próximo encontro.

Reúna a família para rezar a oração pelas vocações.

 **Oração**

Senhor da messe e pastor do rebanho, faze ressoar em nossos ouvidos teu forte e suave convite: "Vem e segue-me!". Derrama sobre nós o teu Espírito. Que ele nos dê sabedoria para ver o caminho e generosidade para seguir tua voz.

Chamaste-nos à vida, fizeste-nos pessoa. Tu nos amas infinitamente. Queremos te agradecer por confiares em nós e nos dares a tua criação para sermos co-criadores junto a ti. Ajuda-nos a realizar aquilo que precisa ser feito para o bem de todo o universo. Que cada um de nós consiga fazer a tua vontade onde e com quem estivermos. Que nós sejamos instrumentos de tua paz, para que o mundo creia que tu és o nosso Pai querido e amado, que desde sempre nos amou e para sempre nos amará. Amém!

Encontro II

Sou cristão

Olá, pessoal! Lembrem-se de que, para completar nosso trabalho, é fundamental visitar abrigos, casas de repouso, hospitais, pessoas doentes da região, além de conhecer os trabalhos da comunidade. Hoje teremos mais um encontro vocacional. Vamos conversar sobre a vocação de cristão. Daí o pedido, no encontro passado, de uma pesquisa sobre as questões relacionadas a seu batismo.

Desejo que este encontro, assim como todos os outros, seja inesquecível. Estou torcendo para isso. Até!

Fui batizado: sou cristão!

Vocês lembram do que diz o profeta Jeremias a respeito do amor de Deus por nós? Desde quando ele nos ama?

Desde antes de nosso nascimento, somos amados por Deus. Todos!

Disso não podemos nos esquecer jamais! Todos somos chamados por Deus à vida, desde antes do nascimento. Além disso, ele nos chama a sermos pessoas e cristãos. Nós nos tornamos cristãos, em primeiro lugar, por meio do batismo. Alguém se lembra de como foi esse dia? Penso que não, pois vocês eram muito pequenos, a não ser que alguém tenha sido batizado depois de uma certa idade. A maioria recebe esse sacramento com alguns meses. Porém, muitos já participaram de outras celebrações do batismo.

Como é realizado o sacramento do batismo?

Diante do ministro do batismo estão a criança, seus pais, os padrinhos e toda a comunidade reunida, em festa, para celebrar o ingresso de mais um cristão na Igreja. Aos pais e padrinhos, o ministro faz algumas perguntas para verificar se realmente querem que a criança seja batizada e se vão assumir o compromisso de ensinar-lhe a doutrina da fé católica. Após as respostas afirmativas, no final da celebração, o ministro derrama água sobre a cabeça da criança e diz: "(*Nome da criança*), eu te batizo em nome do Pai, do Filho e do Espírito Santo", tornando-a repleta do Espírito Santo de Deus. A partir desse momento, ela passa a ser oficialmente cristã, membro da Igreja e povo de Deus.

Certamente, você está participando do grupo de coroinhas porque foi instruído na fé católica: aprendeu com os pais, tios e avós as primeiras orações, e participa ou já participou da catequese de primeira eucaristia. Porém, existem casos nos quais pais e padrinhos batizam a criança, mas não se preocupam em educá-la na fé.

A Igreja católica batiza as crianças porque confia em seus pais e padrinhos, que se comprometem com a educação na fé. Entretanto, muitos se esquecem disso. A criança precisa de ajuda para se vestir, comer, assim como para aprender o que a sua religião diz a respeito da vida, de Deus, do mundo e das coisas que acontecem à sua volta.

Pelo batismo, recebe-se o selo, a marca do Espírito Santo, e passa a ser propriedade querida de Deus, testemunha de Jesus Cristo no mundo e pertencente ao povo cristão. Portanto, batizados, somos chamados a viver do mesmo modo de Jesus, fazer as coisas que ele fez e amar como ele amou. E isso não é muito fácil... Mas, ele está junto de cada um de nós, ajudando-nos a concretizar o Reino de Deus.

Eu sou cristão, você é cristão, o nosso grupo é cristão. Então, somos todos cristãos? Não... Muitos não são. Dos 6 bilhões de pessoas que existem no mundo, aproximadamente 2 bilhões são cristãs. Como vê, a grande maioria não é cristã, não é batizada.

Quem é cristão tem uma grande responsabilidade perante quem não o é: ser testemunha daquilo que Jesus fez. Muitas pessoas não são cristãs porque nunca ouviram falar de Cristo. Como poderão conhecê-lo e até desejar viver o cristianismo? Cada um de nós, tendo-o conhecido, é convidado a testemunhá-lo, de verdade, em todos os lugares e momentos. Somente por meio do testemunho, as pessoas poderão dizer o quanto vale a pena ou não ser cristão.

EU SOU BATIZADO. POR ISSO SOU TESTEMUNHA VIVA DO EVANGELHO!

Hoje em dia, é mais fácil acreditar nas palavras ou nos gestos das pessoas? Acredita-se mais vendo do que escutando alguma coisa? Então, antes de dizermos as coisas que Cristo disse, precisamos vivê-las! Assim, será mais fácil para as pessoas acreditarem que vale a pena ser cristão: viver no amor e construir uma sociedade mais justa e solidária! São Paulo disse: "Ai de mim se eu não evangelizar!". Se Deus nos chamou a ser cristãos, se nossos pais e padrinhos nos educaram na fé, se queremos crescer conhecendo sempre mais as coisas de Deus e da Igreja, precisamos evangelizar, ser verdadeiros apóstolos e vocacionados. Isso podemos fazer de muitas maneiras.

Batismo e eucaristia

O batismo consiste na primeira participação no mistério pascal de Cristo. É a primeira Páscoa – o momento inicial de identificação com Cristo no seu mistério pascal, no qual o batizado é transformado radicalmente. Fomos feitos uma coisa só em Cristo, porque sofremos uma morte semelhante à dele (cf. Rm 6,5).

Formamos o seu Corpo, a Igreja, da qual ele é a cabeça. O Pai nos recebe como filhos no Filho, pois reconhece no batizado a imagem de seu Filho e o seu Espírito. Pelo batismo, assumimos a mesma missão de Cristo, porque nele fomos incorporados e nos tornamos seus discípulos. Agora, a vida inteira do batizado será o tempo próprio para o exercício dessa filiação, correspondendo com retidão de vida ao dom que o Pai nos deu.

Incorporados à Páscoa de Cristo e marcados com caráter sacramental, somos associados ao sacrifício do Senhor e aprendemos a oferecer a nós mesmos, nossos trabalhos e todas as coisas criadas com Cristo ao Pai, no Espírito.

A eucaristia culmina tanto na configuração do ser humano em Cristo quanto sua incorporação na Igreja. O ponto de encontro dos dois sacramentos, batismo e eucaristia, é a participação no próprio mistério da morte e ressurreição de Cristo. Ambos introduzem as pessoas no mistério de Cristo e formam o corpo de Cristo, que é a Igreja. A diferença consiste em que, pelo batismo, o indivíduo participa só uma vez na morte e ressurreição de Cristo. No entanto, a eucaristia é a participação, ao longo da vida, de toda a comunidade dos batizados convocados para edificar o corpo de Cristo.

👥 Trabalho em grupo

Turma dividida em pequenos grupos para discutir as seguintes perguntas:

1. É melhor ser batizado quando criança ou depois de grande? Por quê?
2. O que acontece quando pais e padrinhos:
   - batizam a criança e a educam na fé?
   - não assumem esse compromisso?

Depois da reflexão, cada grupo apresenta as suas conclusões.

🏠 Em casa

1. Com a ajuda do Segundo Testamento, responda:
   a) O que Jesus disse aos discípulos, antes de subir aos céus? (cf. Mt 28,16-20)
   b) Como viviam os primeiros cristãos? (At 2,42-46)
2. Relate o que aprendeu no encontro de hoje.
3. É fácil ou difícil ser cristão? Por quê?

📖 Oração

Senhor, pelo batismo recebi uma missão: vou trabalhar pelo Reino, testemunhando Jesus Cristo em todos os momentos de minha vida, não importa onde eu estiver. Obrigado por me teres dado a graça do batismo e de participar de tão grande família. Peço-te, humildemente, que eu não desista de fazer o bem nem de amar as pessoas. Peço-te, ainda, que me ajudes a ser fiel ao que estou me propondo: ser teu discípulo. Amém!

Encontro III

Pessoas e gestos na missa

No encontro de hoje, iniciaremos a formação litúrgica. Temos muito o que aprender sobre liturgia. Por isso, muitos serão os encontros dedicados a ela. A Igreja conta com você. Cristo conta com você!

Começando a entender a missa

1. Pessoas que participam da celebração

Você já deve ter notado que muitas pessoas participam da realização das celebrações. São elas:

a) **Ministros para a acolhida**: são as pessoas que ficam às portas da igreja, acolhendo os fiéis. Para isso, é necessário chegar em torno de uma hora antes da celebração. Se em sua comunidade ainda não há esse ministério, que tal você e seu grupo, com o apoio do padre, criarem-no?

b) **Ministros para a comunhão eucarística:** assistem o presidente da celebração e auxiliam na distribuição da eucaristia às pessoas. Levam também a eucaristia aos doentes, presidiários ou idosos que não podem ir à igreja.

c) **Comentarista:** pessoa preparada, que convida os presentes a participarem bem da celebração da eucaristia (missa).

d) **Leitores:** são os fiéis que proclamam as leituras durante as celebrações. Para isso, precisam preparar a leitura em casa e rezá-la.

e) **Acólitos:** são aqueles que acompanham o presidente da celebração, auxiliados pelos coroinhas. Rezam e cantam com a comunidade reunida.

f) **Cantores:** em sintonia com a equipe de liturgia, dão vida à celebração com os cantos, bem escolhidos e apropriados, para os diversos momentos das celebrações.

g) **Povo de Deus:** convocado por Deus, forma a grande assembléia de batizados, o corpo de Cristo unido ao Espírito Santo. A equipe de liturgia tem a função de ajudar o povo a participar ativa, consciente e frutuosamente da celebração.

> Na celebração da missa, os fiéis constituem o povo santo, o povo adquirido e o sacerdócio régio, para dar graças a Deus e oferecer o sacrifício perfeito, não apenas pelas mãos do sacerdote, mas também juntamente com ele, e aprender a oferecer-se a si próprios. Esforcem-se, pois, por manifestar isto através de um profundo senso religioso e da caridade para com os irmãos que participam da mesma celebração. Por isso, evitem qualquer tipo de individualismo ou divisão, considerando sempre que todos têm um único Pai nos céus e, por este motivo, são todos irmãos entre si (Instrução Geral do Missal Romano, n. 95).

Formem um único corpo, seja ouvindo a Palavra de Deus, seja tomando parte nas orações e no canto, ou sobretudo na oblação comum do sacrifício e na comum participação da mesa do Senhor. Tal unidade se manifesta muito bem quando todos os fiéis realizam em comum os mesmos gestos e assumem as mesmas atitudes externas (Idem, n. 96).

2. Posições durante as celebrações

Nas celebrações, os coroinhas posicionam-se de forma que não fiquem de frente para o povo, mas um tanto voltados para o altar. Se for necessário ficar de frente para o povo, ao lado do presidente da celebração, por exemplo, devem colocar-se um pouco atrás deste.

A genuflexão diante do santíssimo Sacramento precisa ser bem-feita: descer com o joelho direito até o chão, sem curvar as costas nem apoiar a mão esquerda sobre o direito. Quando de joelhos, pôr os dois no chão e ficar erguido. As mãos não podem estar cruzadas. Se uma estiver ocupada, colocar a outra sobre o peito (coração). Quando em pé, não ficar em posição de descanso (a não ser que seja necessário), mas em posição de sentido, como se estivesse em prontidão. Ao sentar-se, colocar as palmas das mãos sobre as pernas, sem cruzá-las. Significa prontidão para escutar os ensinamentos da Palavra de Deus.

Durante as celebrações, é importante que a postura do corpo e os gestos externos correspondam à atitude interior de fé e de oração. Nosso corpo também reza. Somos unidade de corpo e alma. Expressamos nossos sentimentos com a palavra e com a postura de nosso corpo. O respeito, a disponibilidade, a humildade, a proximidade, a adoração, a espera confiante e a receptividade verificam-se a partir da maneira de posicionar o corpo.

Não se trata unicamente de executar ritos com precisão ou de saber o exato momento de levar ou trazer algo. A ação externa ritual, da qual o coroinha toma parte, deve em primeiro lugar ser acolhida por ele com veneração. Por isso, na celebração litúrgica, os gestos e os movimentos são sempre realizados com respeito e seriedade e revelam os sentimentos de fé de todos que atuam na celebração.

A postura do corpo revela a atitude interior com que nos dispomos para acolher a Palavra. Primeiramente, ficamos com os olhos e o coração fixos para escutar as leituras.

3. O significado de cada posição e gesto

a) **Em pé**: posição de quem ouve com atenção e respeito, tendo consideração para com a pessoa que fala. Indica a prontidão em seguir Jesus.

> Os fiéis permaneçam de pé, do início do canto da entrada, ou enquanto o sacerdote se aproxima do altar, até a oração do dia, inclusive; ao canto da Aleluia antes do evangelho; durante a proclamação do evangelho; durante a profissão de fé e a oração universal; e do convite *Orai, irmãos*, antes da oração sobre as oferendas até o fim da missa, exceto nas partes citadas em seguida (Instrução Geral do Missal Romano, n. 43).

b) **Sentado**: posição cômoda para ouvir as leituras e a homilia e para meditar. Durante a procissão das ofertas, após a comunhão e enquanto se dão os avisos, todos permanecem sentados. Se outros momentos forem necessários, o comentarista anuncia.

c) **De joelhos**: sinal de adoração. Onde há o costume, ajoelha-se durante a narração do memorial.

d) **Inclinado** (reverência): grande sinal de respeito e de adoração diante do santíssimo Sacramento. Os coroinhas inclinam a cabeça quando o presidente da celebração beija o altar ao início e ao final da missa. Para a bênção final, todos podem, também, inclinar a cabeça, como gesto de acolhida da bênção de Deus.

e) **Caminhando**: as procissões de entrada, do evangelho, das ofertas e da comunhão simbolizam nossa caminhada em direção a Deus. Por isso, são feitas, sempre que possível, pela nave central da igreja.

f) **Mãos levantadas**: atitude das pessoas orantes. Levantar a mão quer dizer entregar-se a Deus.

g) **Mãos juntas**: significa recolhimento interior, busca de Deus, fé, súplica, confiança e entrega da vida. É uma atitude de piedade. Em muitos momentos da celebração podem-se juntar as mãos, principalmente nos de oração.

h) **Mãos dadas**: sinal de unidade e de solidariedade. Quer dizer que se quer caminhar juntos, sentir juntos, apoiar-se um no outro.

i) **Prostração**: deitar-se no chão. Significa a entrega total a Deus. Nas ordenações dos ministros, o candidato deita-se no chão num determinado momento. Acontece o mesmo na Sexta-feira Santa. O diácono ou padre prostra-se diante do altar antes da celebração, numa atitude de despojamento e aniquilamento.

j) **Batidas com a mão no peito**: gesto do penitente, que pede perdão a Deus e confia em sua misericórdia. Faz-se este gesto no ato penitencial da missa quando se usa a oração: "confesso a Deus todo-poderoso...".

l) **Sinal-da-cruz**: É importante fazê-lo com atenção, pois nos identifica enquanto cristãos. No batismo, fomos marcados com esse sinal, tornando-se parte de nossa vida, de nossa identidade. Por isso, todo respeito e carinho ao traçá-lo em nós.

 Em casa

1. Conte em casa o que você aprendeu neste encontro. Em seguida, escreva se seus familiares já conheciam o que foi ensinado e o que mais lhes chamou a atenção.

2. Você percebe que está cada vez mais capacitado para este ministério? Quais são as dúvidas que persistem? Cite alguns aspectos do conteúdo que precisam ser revistos.

3. O que está faltando para os encontros ficarem melhor?

4. Antes de entrar no grupo, como você imaginava os encontros? Qual é a sua opinião atual sobre eles?

 Oração

Bom Pai, a cada dia que passa, estou mais apaixonado por este ministério. Obrigado por esta oportunidade. Obrigado por este grupo e por todas as pessoas que estão nos ajudando. Agradeço por tudo que estou aprendendo e pelas brincadeiras e músicas. Que eu não me canse do aprendizado e que sempre mais esteja pronto para te servir. Amém!

Encontro IV

Ritos iniciais

A partir do encontro de hoje, abordaremos as partes da missa. Se você deseja participar ativamente das celebrações, é preciso que as conheça. Não se ama aquilo que não se conhece.

Como o tema é muito extenso, foi dividido em quatro encontros:

4º encontro: Ritos iniciais;

5º encontro: Liturgia da Palavra;

6º encontro: Liturgia eucarística;

7º encontro: Comunhão e missão.

Para cada parte da missa, é apresentada uma explicação, com fundamentos litúrgico-teológicos, conforme a tradição da Igreja. Tenha uma boa formação litúrgica!

A eucaristia é o centro de nossa vida cristã. Assim, nos fins de semana, encontramo-nos ao redor do altar para celebrar e receber juntos o corpo de Cristo.

Na missa, celebramos o memorial da Páscoa de Cristo. Na Quinta-feira Santa, por exemplo, recordamos que Jesus lavou os pés dos apóstolos e celebrou a ceia pascal com eles. Disse então: "Fazei isto em memória de mim" (Lc 22.19). Para melhor participar e viver a eucaristia, é importante conhecer o que estamos celebrando.

Você quer fazer essa viagem pelo interior da missa, conhecendo todas as suas partes? Então, garanta já a sua passagem e venha com a gente!

Formação da assembléia

A finalidade (dos ritos iniciais) é fazer com que os fiéis, reunindo-se em assembléia, constituam uma comunhão e se disponham para ouvir atentamente a Palavra de Deus e celebrar dignamente a Eucaristia (Instrução Geral do Missal Romano, n. 46).

1. **Acolhida**: primeiro contato com os fiéis antes da celebração. As pessoas que vêm à igreja precisam ser acolhidas para se sentirem bem, como se estivessem em casa. Por isso, em muitas comunidades, já existem as equipes que recebem os fiéis antes de entrarem na igreja. A acolhida revela que não somos qualquer um, mas o povo santo de Deus reunido em Cristo e na força do Espírito. Formamos a Igreja, Corpo de Cristo. Foi o mesmo Cristo quem garantiu: "Onde dois ou três se reunirem em meu nome, eu estarei no meio deles" (Mt 18,20). A comunidade unida na mesma fé é sinal de Cristo presente no seu meio.

2. **Canto de entrada ou canto inicial** (em pé): primeira manifestação de alegria das pessoas que se encontram na igreja para louvar a agradecer a Deus pela semana que tiveram. É a primeira participação ativa e consciente da comunidade na celebração,

cuja função é a de nos ajudar a rezar e manifestar a Deus o nosso louvor e nossa gratidão. Por isso, nem todos os cantos são adequados para esse momento. Existem os "cantos litúrgicos", feitos especialmente para essa parte.

Nesse momento, o presidente e os seus auxiliares entram no presbitério. A entrada pode ser simples: da sacristia direto para o altar; ou solene: da porta da igreja ao altar, com ou sem incenso. O presidente beija o altar, pois atua na pessoa de Cristo e, portanto, é sinal da sua presença. Se o incenso foi usado antes da saudação inicial, ele incensa o altar e a cruz.

3. **Sinal-da-cruz e saudação do presidente** (em pé): o presidente da celebração faz o sinal-da-cruz e proclama uma fórmula tirada das saudações, que se encontra nas cartas de Paulo: "Que a graça de nosso Senhor Jesus Cristo, o amor do Pai e a comunhão do Espírito Santo estejam sempre convosco!". Que saudação maravilhosa, cheia de paz e amor! Ao dizê-la, o presidente abre os braços num gesto de amplitude e generosidade, que vem de Deus para todos. E a assembléia responde: "Bendito seja Deus que nos reuniu no amor de Cristo!". Quando alguém nos saúda, respondemos à saudação. Assim também ocorre nas celebrações. É importante recebê-la com entusiasmo. O Senhor vem ao nosso encontro, saudando-nos em primeiro lugar. É importante fazer o sinal-da-cruz com atenção, pois nos identifica como cristãos.

Com palavras espontâneas e breves, o padre acolhe a comunidade e a introduz no espírito próprio da celebração. Nesse momento, ele situa as motivações para a celebração do dia.

4. **Ato penitencial** (em pé, de cabeça inclinada; pode-se fechar os olhos e colocar as mãos sobre o coração): Deus é santo, totalmente santo. Jesus Cristo, em toda a sua vida, demonstrou-nos como podemos ser santos. Ao refletirmos sobre o que fazemos

em nossa vida, percebemos que muitas coisas não são certas. Dessa forma, devemos nos arrepender e pedir perdão a Deus, comprometendo-nos a não mais cometer as mesmas falhas. Assim, logo no início da celebração, temos a oportunidade de fazer um exame de consciência e pedir perdão a ele e, depois, aos irmãos que ofendemos. Nessa hora, expressamos o desejo de conversão. É o grande momento de aceitação do amor de Deus, da sua misericórdia, pois sabemos que sempre o Senhor está de braços abertos para nos acolher, sem se importar com o que fizemos.

O ato penitencial é um olhar para dentro de si, para reconhecer e dizer: "Senhor, tem piedade de mim, que sou pecador" – sem olhar os pecados dos outros. Se cada um corrigir os seus erros, o mundo será bem melhor. O ato penitencial começa com uma exortação do presidente para que todos, em silêncio, façam um exame de consciência. Depois, em voz alta, todos se reconhecem pecadores, pedem perdão a Deus e ajuda dos santos, exemplos de vida cristã, e da virgem Maria, para que intercedam por todos nós. Nesse momento, também se pode cantar o canto de perdão, que nos faz reconhecer as nossas culpas pelo mundo não ser como Deus quis. É um canto de recolhimento, que nos faz olhar para dentro de nós mesmos e pedir perdão. Portanto, não convém que seja uma música alegre.

Ao final, o presidente pede a Deus que perdoe os pecados da comunidade reunida, dizendo: "Deus todo-poderoso tenha compaixão de nós, perdoe os nossos pecados e nos conduza à vida eterna". E nós respondemos: "Amém", que significa "assim seja". Não se trata do sacramento da penitência. Este é bem diferente. O ato penitencial tem um sentido de invocação da misericórdia de Deus, preparando-nos para a participação da santa missa.

5. **Hino de louvor** (em pé): vem logo após o ato penitencial. Com alegria, dizemos ou cantamos os nossos agradecimentos a Deus: "Glória a Deus nas alturas e paz na terra aos homens por ele amados". Durante o canto, pode-se bater palmas ou levantar

as mãos, em sinal de alegria. Renunciando ao pecado, aderimos à vida em Jesus, à sua graça. O canto é a expressão viva do que está dentro de nós. Geralmente, quem está alegre canta. E cantamos, então, para louvar, bendizer e agradecer a Deus por nos amar sempre, com um amor infinito.

6. **Oração da coleta** (em pé): primeira oração recitada pelo presidente, que recebe o assentimento de toda a comunidade com o "Amém". É chamada de "coleta", porque reúne todas as intenções da missa. Não se trata de uma coleta de dinheiro, mas de intenções. Por isso, logo após o presidente proclamar "Oremos", ele faz uma pausa. É para as pessoas, também em silêncio, apresentarem a Deus as suas intenções. Depois, ele continua, de braços erguidos, rezando em nome da comunidade.

Trabalho em grupo

Turma dividida em quatro grupos. Cada um explica uma parte inicial da missa e, em seguida, celebra.

1º grupo: Acolhida.

2º grupo: Entrada do presidente da celebração e saudação inicial.

3º grupo: Motivação ao ato penitencial e ao hino de louvor.

4º grupo: Oração da coleta.

Em casa

Com a ajuda de outras pessoas, de preferência dos pais, responda às seguintes perguntas:

1. É importante ir à missa? Justifique sua resposta.
2. Qual o momento da celebração que mais lhes chama a atenção? Por quê?

3. Quais são as partes da missa que compreendem os ritos iniciais?

 Oração

Pai da messe e pastor do rebanho, ajuda-nos a ser sempre fiéis à tua Palavra. Aumentai em nós o entendimento e o amor pela eucaristia. Que sempre tenhamos vontade de participar das celebrações eucarísticas com nossas famílias. Amém!

Encontro V

Liturgia da Palavra

Vamos continuar o nosso bate-papo sobre a missa?

Shalom!

Com a oração da coleta, terminam os ritos iniciais e passa-se à liturgia da Palavra. O objetivo da primeira parte foi o de preparar os participantes da celebração para ouvir, com maior proveito, a Palavra de Deus.

A mesa da Palavra

"A Palavra de Deus é um acontecimento através do qual o próprio Deus entra no mundo, age, cria e intervém na história do seu povo para orientar sua caminhada".[1] Jesus, na sinagoga de Cafarnaum, tomou nas mãos o livro de Isaías e proclamou a

---

[1] CNBB. *Orientações para a celebração da Palavra de Deus*. São Paulo, Paulinas, 1994. n. 10. (Documentos da CNBB 52.)

ação de Deus em favor dos pobres, dos coxos e cegos. Depois concluiu: "Hoje se cumpriu esta passagem da Escritura que acabastes de ouvir" (Lc 4,21). Com a mesma eficácia, a Palavra de Deus realiza hoje, no coração daqueles que se reúnem em assembléia e no nome do Senhor, o que ela mesma anuncia como Palavra de conversão, graça e salvação.

1. **Primeira leitura** (sentados): quase sempre é retirada da Primeira Aliança (Primeiro Testamento), de um profeta. Essa leitura nos ajuda a entender melhor a missão de Jesus Cristo, pois essa parte da Bíblia prepara-nos para o nascimento do Messias. A história do povo de Deus nos leva a compreender melhor a missão de Jesus. Com isso, a comunidade vai perceber a dimensão da história da salvação, já presente nos nossos pais da fé. Ao proclamar esses textos, notamos uma estreita ligação com o povo da Primeira Aliança, uma vez que tudo o que foi escrito pelos antigos prepara o "terreno" para a acolhida do verdadeiro Messias, Jesus Cristo.

Celebrar a Palavra é algo que produz o discernimento comunitário a respeito do que o Senhor vai falar. A leitura cristã da Escritura faz o povo sentir-se continuador da história da salvação, permitindo que a pessoa, hoje, sinta-se parte dessa história, que considere Abraão, Isaac, Jacó e Moisés como seus antepassados na fé. A partir desse sentimento, cada um se descobre capaz de ler, em sua própria história de vida e nos acontecimentos atuais, as mensagens que Deus constantemente envia à comunidade.

2. **Salmo responsorial** (sentados): não pode ser omitido nem trocado por um canto de meditação, pois é a nossa resposta à primeira leitura. É do mesmo tema da primeira leitura, para ajudar na sua meditação, como se fosse uma continuação. Uma pessoa proclama ou canta as estrofes, e a comunidade responde com o refrão, rezado ou cantado. É conveniente que seja cantado, para que seja gravado mais facilmente em nosso coração.

3. **Segunda leitura** (sentados): ocorre somente nas celebrações solenes (dominicais e festivas). Nas missas dos dias de semana não há segunda leitura, a não ser que seja uma celebração especial. É retirada do Segundo Testamento, de uma das cartas dos apóstolos. Apresenta-nos uma experiência concreta das primeiras comunidades cristãs, comprometidas com a prática de Jesus. Com isso, quer-se dizer que as nossas comunidades também precisam, a exemplo das primeiras, comprometerem-se seriamente com a prática de Jesus. Nenhuma das leituras deve simplesmente ser lida. A Palavra de Deus é para ser rezada e depois proclamada, pois é o próprio Deus que nos fala.

4. **Aclamação ao evangelho** (em pé): com um canto bem alegre, geralmente contendo a palavra "aleluia", que quer dizer "louvai ao Senhor", todos se levantam para acolher a Boa-Nova de Jesus Cristo, escrita por algumas das primeiras comunidades cristãs. Aclamamos a Palavra em pé, em sinal de profundo respeito e disponibilidade em ouvir e seguir a mensagem de Jesus.

5. **Evangelho** (em pé): a sua proclamação é bastante solene. Em algumas celebrações, o evangelho é incensado por quem vai proclamá-lo. Jesus nos anuncia a mensagem da salvação. Em todos os evangelhos, a mensagem é dada pelo próprio Jesus. Por isso, é proclamada por um ministro ordenado (caso este não esteja presente, quem anuncia é o ministro presidente da celebração). Antes da proclamação, quem anuncia chama a atenção da assembléia com a saudação-convite: "O Senhor esteja convosco!", e as pessoas respondem: "Ele está no meio de nós!". Então o presidente faz o sinal-da-cruz e anuncia o evangelho a ser proclamado. As pessoas dizem: "Glória a vós, Senhor!". Ao terminá-lo, diz: "Palavra da Salvação!", ao que as pessoas respondem: "Glória a vós, Senhor!". Em seguida, o presidente da celebração beija a Palavra, em sinal de amor e fidelidade.

6. **Homilia** (sentados): neste momento, o presidente da celebração atualiza a Palavra proclamada. É a Igreja falando à comunidade. Representa uma ocasião propícia para uma conversa familiar, partindo-se dos temas abordados nos textos. É a Palavra que ilumina a história, concedendo-nos esperança para continuar a luta por um mundo mais justo e solidário. Por isso, na homilia, nossas esperanças são reanimadas e nosso coração volta a se abrasar pela proposta do Reino.

7. **Profissão de fé** – Creio (em pé): para mostrar que acreditamos no que Jesus e a Igreja dizem, professamos a nossa fé por meio da oração do Creio. É a declaração pública, consciente e firme da comunidade naquilo que Jesus disse e que foi assumido pela Igreja: a fé em Deus Pai, em Deus Filho e em Deus Espírito Santo, depositada na santa sabedoria da Igreja, fundada sobre os apóstolos. Com o Creio, afirmamos em público a fé nas três pessoas da Santíssima Trindade e o nascimento de Jesus Cristo da Virgem Maria, que foi morto, ressuscitou, subiu ao céu e há de julgar a humanidade no fim dos tempos. Afirmamos também crer na existência da santa Igreja, na comunhão dos santos, na remissão dos pecados, na ressurreição da carne e na vida eterna. Na maioria das missas, professamos o Credo dos apóstolos (o mais antigo e mais "curtinho"), o chamado "símbolo dos apóstolos". Nas festas mais solenes, usa-se o Credo niceno-constantinopolitano, mais longo que o dos apóstolos.

8. **Oração universal ou oração dos fiéis** (em pé): momento em que transformamos em oração tudo o que ouvimos de Deus e da Igreja. Só reza quem crê, e só reza em comunidade os que crêem na força da Igreja que ora, como filhos de Deus. Reza-se pelas necessidades da Igreja mundial e local, pelos poderes públicos, pela salvação de toda a criação, pelos que passam por uma dificuldade, pela comunidade local e pelas intenções particulares. A introdução e a conclusão são feitas pelo presidente da celebração, e as preces, por um fiel escolhido antes do início da missa.

Geralmente, cada prece termina com a invocação "rezemos ao Senhor" ou "cantemos ao Senhor", ao que todos respondem esta ou outra fórmula: "Senhor, escutai nossa prece". Rezamos em conjunto, uns pelos outros. É a comunhão da comunidade pelos mesmos objetivos.

Com isso, terminamos a primeira parte da liturgia da missa. A partir de agora, iniciamos a liturgia eucarística.

🚶 Trabalho individual

Reflita sobre as frases a seguir e as transcreva, comentando-as.

a) Na liturgia da Palavra, lêem-se leituras da Bíblia.

b) A primeira leitura, quase sempre, é do Segundo Testamento.

c) O canto de aclamação ao Evangelho é alegre, anunciando que Jesus irá falar.

d) Na profissão de fé, professa-se o credo dos apóstolos ou o niceno-constantinopolitano.

e) É necessário ficar em pé para ouvir a proclamação do Evangelho.

f) A segunda leitura é sempre de um livro do Segundo Testamento.

📖 Oração

Pai bondoso e amigo, já aprendi um pouco mais a respeito das coisas sagradas referentes à missa. Agora, já consigo rezá-la um pouco melhor. Obrigado por essa oportunidade. Que a cada dia que passa, eu me apaixone sempre mais por ti e por tua Igreja e, assim, ajude muita gente a também amar as coisas que estou aprendendo a amar. Amém!

Encontro VI

Liturgia eucarística

Você está achando muito difícil este assunto? Acredito que esteja aprendendo muito, não é mesmo? Esse é o caminho... Vamos em frente! Temos muito o que aprender ainda!

A liturgia da Palavra nos conduz à eucaristia: partilha do corpo e do sangue de Jesus. Na missa, Jesus nos alimenta com a sua Palavra e com o seu Corpo. A Palavra nos faz sentar, todos, ao redor da mesma mesa, para a partilha do pão da vida.

A mesa da eucaristia

A liturgia da Palavra e a liturgia eucarística estão tão intimamente unidas entre si, que formam um só ato de culto. Temos a mesa do pão da Palavra e a mesa do pão eucarístico. Ambas formam uma só.

1. **Preparação das oferendas** (sentados): a partir de agora, todas as atenções se voltam para a mesa do altar. Sobre ela serão colocadas as ofertas do pão, do vinho e da água. Em muitas celebrações, é feita uma procissão com muitos símbolos e, por fim, com o pão e o vinho. Não convém reduzir a procissão a um simples transporte das ofertas para o altar. As pessoas que as levam precisam mostrar à comunidade o que trazem nas mãos. Por isso, antes de entregá-las ao presidente, de frente para o altar, mostram à comunidade. São utilizados pão e vinho porque Jesus também, na última ceia, usou-os e pediu que se fizesse o mesmo, para celebrar sua presença viva na comunidade.

> Trazer o pão e o vinho ao altar não é só um rito funcional (...) é um símbolo da vida humana, de nossa história de cada dia e de nossa auto-oferenda a Deus. Sem nada tirar à verdadeira oferenda eucarística, centrada em Cristo e no memorial de sua morte, toda a celebração eucarística quer expressar que a comunidade se incorpora efetiva e ativamente ao sacrifício de Cristo (ALDAZÁBAL, José. *A eucaristia*. Petrópolis, Vozes, 2002. p. 430).

Ao mesmo tempo em que são ofertados o pão e o vinho, as pessoas oferecem as suas vidas. Nesse momento, os fiéis fazem oferendas próprias, geralmente uma contribuição em dinheiro, para a manutenção das obras da igreja local ou para outra necessidade.

No cálice, colocam-se primeiro o vinho, que representa a divindade de Cristo, e, em seguida, algumas gotas de água, que simbolizam a humanidade de Jesus unida à nossa.

Ao elevar a patena com o pão sobre o altar o presidente reza a oração de bênção: "Bendito sejais, Senhor Deus do universo, pelo pão que recebemos de vossa bondade, fruto da terra e do trabalho humano, que agora vos apresentamos, e para nós se vai tornar pão da vida". Em seguida faz o mesmo gesto com o cálice, rezando a oração própria. Após ter colocado o cálice sobre o corporal, o presidente inclina-se diante do altar e reza, em voz baixa: "De coração contrito e humilde, sejamos, Senhor, acolhidos por vós; e seja o nosso sacrifício de tal modo oferecido que vos agrade, Senhor, nosso Deus!". Depois, se não houver incenso (nas missas solenes, são incensados o altar, o presidente da celebração e os fiéis), o padre lava as mãos, pedindo que o Senhor o purifique, dizendo baixinho: "Lavai-me, Senhor, das minhas faltas e purificai-me dos meus pecados".

2. **Convite à oração** (em pé): "Orai, irmãos e irmãs, para que este sacrifício seja aceito por Deus Pai todo-poderoso...". Esse convite recorda a todos que a oração da comunidade se dirige a Deus. Na resposta que damos, deixamos claro que o sacrifício de Cristo, na cruz, torna-se presente toda vez que a comunidade faz o que ele fez na última ceia.

3. **Oração sobre as ofertas** (em pé): tem como finalidade colocar nas mãos de Deus os dons que as pessoas trouxeram para o santo sacrifício. É sinal de que a ceia vai começar. Os dons de Deus que existem na natureza, resultado do trabalho humano, já estão sobre a mesa. São dons que nos falam da bondade de Deus, que fez brotar a água e surgirem da terra o trigo e a uva. A partir de agora, o presidente da celebração reza em nome de todos sobre esses dons, e a comunidade dá o seu assentimento com o "Amém".

4. **Oração eucarística** (em pé): compreende um grande número de orações. É iniciada com o prefácio e finalizada com as palavras: "Por Cristo, com Cristo e em Cristo, a vós, Deus pai todo-poderoso, na unidade do Espírito Santo, toda a honra e toda a glória, agora e para sempre. Amém". Por meio dela, agradece-se a Deus Pai pelo dom da vida de toda a criação. É uma grande ação de graças.

4.1. **Prefácio e Santo** (em pé): o prefácio é a introdução da oração eucarística. Começa-se com um diálogo entre o presidente da celebração e a comunidade, para que ambos se aproximem ainda mais do mistério de Deus:

– *O Senhor esteja convosco!*

– *Ele está no meio de nós!*

– *Corações ao alto!*

– *O nosso coração está em Deus!*

– *Demos graças ao Senhor nosso Deus!*

– *É nosso dever e nossa salvação!*

É um hino de louvor e de ação de graças que abre a oração eucarística. Diversos são os tipos de prefácio, que varia conforme o tempo litúrgico: do Advento, do Natal, da Epifania, da Quaresma, da Paixão, da Páscoa, da Ascensão do Senhor, de Pentecostes, de Cristo Rei, da Eucaristia, da Santíssima Trindade, de Nossa Senhora, de São José, dos Apóstolos, dos Mártires, do Tempo Comum e muitos outros.

Com os braços levantados, o presidente da celebração agradece a Deus o dom da vida nova em Cristo. Termina com a aclamação: "Santo, Santo, Santo, Senhor, Deus do universo...".

Por ser solene, quase sempre o Santo é cantado. Essa fórmula de louvor é tirada do profeta Isaías (6,3 e Mateus 21,9). É a resposta alegre da comunidade a todos os motivos de louvor e de agradecimento presentes no prefácio.

4.2. **Memorial**: faz-se a narração da última ceia, quando Jesus tomou o pão e o vinho em suas mãos, abençoou-os e entregou aos seus discípulos. Proclama o presidente da celebração: "Estando para ser entregue e abraçando livremente a Paixão, ele tomou o pão, deu graças novamente e o partiu e deu aos seus discípulos, dizendo...". Em seguida, ele eleva a hóstia, mostra-a às pessoas da comunidade e coloca-a novamente na patena, fazendo uma genuflexão. E prossegue: "Do mesmo modo, ao fim da ceia, ele tomou o cálice em suas mãos, deu graças novamente, e o deu aos seus discípulos, dizendo...". Mostra o cálice às pessoas, coloca-o sobre o corporal e faz, novamente, uma genuflexão. Feito isso, faz-se a aclamação: "Eis o mistério da fé!". E as pessoas respondem: "Anunciamos, Senhor, a vossa morte e proclamamos a vossa ressurreição. Vinde, Senhor Jesus!" (ou outras fórmulas).

Toda a oração eucarística forma uma unidade e tem caráter consecratório; por isso não convém destacar com grande relevo o momento da elevação do pão consagrado ou do cálice, com uso de campainhas. A grande elevação da oferta de Cristo ao Pai, associando a si a sua Igreja, se dá na conclusão da mesma oração: "Por Cristo, com Cristo e em Cristo...".

4.3. A dupla invocação do Espírito Santo: uma sobre o pão e o vinho, para que o Espírito de Deus os transforme no corpo e sangue de Cristo, e outra sobre a comunidade que celebra e que vai participar dos dons, para que o Espírito também a transforme e faça dela "um só corpo e um só espírito". Como em Pentecostes o Espírito encheu de sua vitalidade a Igreja nascente, agora, ao celebrar a eucaristia de Cristo, a comunidade deseja transformar-se – ela mesma, e não só os dons do pão e do vinho – no corpo de Cristo.

Se a primeira invocação pede que o pão e o vinho sejam transformados no corpo eucarístico de Cristo, agora se tem em vista a finalidade do sacramento: a construção do corpo de Cristo, que é a sua Igreja. A finalidade última da eucaristia é que a comunidade que a celebra, participando nesse pão, que se converteu no corpo de Cristo, seja ela mesma corpo único e unido de Cristo. O Espírito transforma o pão e o vinho para, através deles, transformar a comunidade e fazê-la crescer e amadurecer em sua união com Cristo.[2]

Continuando a oração eucarística, reza-se em sintonia com a Igreja do mundo inteiro (universal) e diocesana (particular), com os santos, com todas as pessoas e com os falecidos. Ao final, a grande doxologia (glorificação): "Por Cristo, com Cristo e em Cristo a vós, Deus Pai todo-poderoso, na unidade do Espírito Santo, toda honra e toda glória, agora e para sempre. Amém".

Na oração eucarística, a entrega de Cristo na cruz é assumida pela Igreja e oferecida ao Pai como memorial diante de seus olhos. O que Cristo fez sozinho na cruz, agora o atualiza *em* e *com* a Igreja e *para* ela: "Olhai com bondade a oferenda da vossa Igreja, reconhecei o sacrifício que nos reconcilia convosco". A comunidade cristã se oferece a si mesma como "oferenda perfeita", tornando-se em certo sentido "contemporânea" da oferenda de Cristo. Toda a vida do cristão fica assim assumida e incorporada ao sacrifício pascal de Cristo.[3]

O acontecimento da Páscoa de Cristo nos alcança no tempo para que entremos em comunhão de vida e de morte com a entrega de Cristo para a salvação do mundo. Pelo batismo, somos corpo de Cristo, e é o Cristo inteiro, cabeça e membros, que se oferece pela salvação da humanidade. A dignidade do batismo e da crisma associa cada um de nós ao sacrifício de Cristo e, por isso, participamos da ação sacrificial, oferecendo-nos em Cristo ao Pai, no Espírito.

---

[2] Cf. ALDAZÁBAL, José. *A eucaristia*. Petrópolis, Vozes 2002. pp. 263 e 268.
[3] Cf. Ibidem, pp. 284 e 285.

A missa é a grande oração de ação de graças ao Pai pelo sacrifício de Jesus, o nosso salvador, o nosso grande amigo, na força do Espírito Santo. Que ele ocupe o começo e o fim de nossas vidas e com ele consigamos fazer a vontade de Deus. Por isso, dizemos "Amém" de forma solene, rezando ou cantando, sinal de assentimento a tudo o que foi proclamado.

Chegamos ao final da liturgia eucarística. O que vem na seqüência já faz parte do rito da comunhão, assunto do próximo encontro.

Em casa

Em uma folha à parte, copie as frases a seguir e complete as lacunas.

a) A Igreja utiliza _____ e vinho, porque _____ também usou e pediu que seus discípulos fizessem o mesmo, em sua memória.

b) O _____ começa com um diálogo entre o presidente da celebração e a comunidade.

c) "O Senhor esteja convosco!" – "Ele está no _____ de nós! – "_____ ao alto!" – "O nosso coração está em _____!"

d) A narrativa da ceia é o momento do _____. Pela ação do Espírito Santo, o pão e o vinho se transformam no _____ e no _____ de Jesus Cristo.

e) Muitos são os prefácios e as orações _____ da missa. Estes variam conforme o tempo _____.

f) Ao final da oração eucarística, reza-se a grande doxologia: "Por Cristo, _____
_____".

Oração

Senhor, aprendi um pouco mais sobre a missa. Peço que o meu amor pela eucaristia aumente e que o meu coração te sirva melhor, dentro e fora da missa, em todos os momentos de minha vida. Onde eu estiver, que eu seja instrumento de tua paz e consiga fazer as coisas que tu desejas de mim. Obrigado, Jesus! Amém!

Encontro VII

Comunhão e missão

Finalmente, a última etapa do estudo sobre a missa. Como foi até aqui? Muitas dúvidas? Ou você compreendeu tudo? Que tal recordar o que já foi visto antes de iniciar a última parte?

Sem muita conversa, iniciemos o encontro!

Rito da comunhão

1. **Pai-nosso** (em pé): com essa oração, inicia-se a parte da comunhão. A oração que Jesus nos ensinou faz a ponte entre a oração eucarística e a refeição dos irmãos, e resume o que Jesus ensinou e fez. É a síntese de tudo o que rezamos até o presente momento na missa. Jesus, nosso grande amigo, quer com isso que sejamos amigos e irmãos. Por isso, rezamos o "pai-nosso", para sermos todos "um", filhos do mesmo Pai.

2. **Saudação da paz** (em pé): cumprimento alegre, que as pessoas reunidas em comunidade se dão mutuamente, logo após a saudação do presidente da celebração, desejando-lhes a paz. Assim diz ele: "A paz do Senhor esteja sempre convosco!". E a

comunidade responde: "O amor de Cristo nos uniu". É um gesto muito bonito. Como numa grande família, todos são convidados a se saudarem uns aos outros em Cristo. A comunidade expressa o grande sonho de Jesus: viver como irmãos que desejam a paz, se amam e se preocupam uns com os outros. Há um bem maior que a paz? Quem não quer paz?

> É um gesto motivado pela fé, mais que pela amizade; reconhecemos a Cristo presente no irmão, exatamente como o reconheceremos depois no pão e no vinho (ALDAZÁBAL, José. *Gestos e símbolos*. São Paulo, Loyola, 2005. p. 133).

3. **Fração do pão** (em pé): gesto que muitas pessoas não notam, porque, com freqüência, é realizado rapidamente. O presidente da celebração parte a hóstia, para poder distribuí-la às demais pessoas. Foi ao "partir o pão" que os discípulos de Emaús reconheceram Jesus.

> O gesto da fração realizado por Cristo na última ceia, que no tempo dos apóstolos deu o nome a toda celebração eucarística, significa que muitos fiéis pela comunhão no único pão da vida, que é o Cristo, morto e ressuscitado pela salvação do mundo, formam um só corpo (1Cor 10,17; Instrução Geral do Missal Romano, n. 83).

Durante a fração, canta-se ou reza-se o "cordeiro de Deus", as mesmas palavras que João Batista disse ao ver Jesus aproximando-se dele.

É neste momento que o presidente da celebração coloca um pedacinho da hóstia no cálice com o sangue de Cristo. Enquanto faz isso, reza em voz baixa, pedindo a Deus que aquela comunhão com o corpo e o sangue de Cristo sirva para alcançar a vida eterna. Significa a unidade do corpo e do sangue do Senhor na obra da salvação, ou seja, do corpo vivente e glorioso de Cristo Jesus que vamos comungar.

Solenemente, o sacerdote faz a genuflexão, toma em suas mãos a hóstia, elevando-a sobre a patena à vista de todos, e diz: "Felizes os convidados para a ceia do Senhor! Eis o cordeiro de Deus, que tira o pecado do mundo!". As pessoas respondem, com o presidente: "Senhor, eu não sou digno de que entreis em minha morada, mas dizei uma palavra e serei salvo!". É um momento muito importante da liturgia, para o qual todas as pessoas presentes na celebração se prepararam: o encontro com Cristo, no seu mistério de amor.

4. Procissão para a comunhão: vamos ao encontro de Cristo, como uma comunidade de irmãos. A comunhão é o ato de receber o sacramento do seu corpo entregue e de seu sangue derramado para que nós nos transformemos naquilo que recebemos. É o ponto culminante da participação litúrgica. Convém fazer a preparação e refletir sobre o significado dessa aliança. É inoportuno comungar e sair da igreja ou conversar e se distrair com outras coisas, assim como rezar diante de imagens de um santo. Esse momento é para ficar a sós com o Senhor.

> O modo mais expressivo é o de estender a mão esquerda, bem aberta, fazendo com a direita, também estendida, "como um trono" (...) para em seguida com a direita tomar o pão e comungar ali mesmo, antes de voltar a seu lugar. Não se "pega" o pão oferecido com os dedos – à maneira de pinças – mas deixa-se que o ministro o deposite dignamente na palma aberta da mão (ALDAZÁBAL, José. *Gestos e símbolos*. São Paulo, Loyola, 2005. p. 127).

5. Oração realizada após a comunhão (em pé): pede-se que Deus ajude todos a produzir muitos frutos, animados pela força de Jesus, alimento para todos, e que a missa não acabe por ali, mas que, em casa, na escola, no trabalho, seja onde for, as pessoas continuem a viver o sacramento recebido na celebração.

Ritos finais

1. **Avisos** (sentados): pronunciados de forma clara e objetiva, abrangem assuntos referentes à vida da comunidade: cursos, encontros, retiros, convites. É inoportuno fazer desse momento um "jornal de classificados". Se houver, na celebração, alguma homenagem, poderá ser feita neste momento.

2. **Bênção final** (em pé): como a liturgia é trinitária, ou seja, é uma ação da Santíssima Trindade, a bênção final termina sempre com a invocação do Pai, do Filho e do Espírito Santo. Dar a bênção significa querer o bem, bendizer a Deus. Porque Deus nos ama, ele sempre nos abençoa. Mesmo antes de nascer, já fomos abençoados, e por Deus ser Deus, mesmo que não o queiramos, jamais perderemos a sua bênção. Neste momento, acolhemos o dom de Deus, sua presença transformadora, que nos estimula e nos protege em nossa caminhada. A bênção nos leva a ser eternamente agradecidos a ele por tantos dons e graças dados a cada um de nós, não porque mereçamos, mas, por ser amor, o Pai nos dá, gratuitamente, sem exigir retorno.

3. **Despedida** (em pé): o presidente despede-se da comunidade, dizendo: "Ide em paz e que o Senhor vos acompanhe". Isso quer dizer que Jesus, o missionário do Pai, caminha conosco, assim como o fez com todos os seus discípulos e discípulas. É a hora de partirmos para a missão!

4. **Canto final** (em pé): a comunidade, feliz por ter participado da mesa da Palavra e da Eucaristia, canta, feliz, a sua inserção no mistério pascal. Canta, porque se encontrou com Deus, foi chamada por ele e enviada a fazer todas as coisas que ele fez. Por

essa razão, canta a glória de Deus, louva-o, alegremente, antes de continuar a missão de ser vida para todos.

🛉🛉🛉 Trabalho em grupo

Turma dividida em quatro grupos. Cada um recebe uma cartolina e pincéis atômicos.

1º grupo: escreve as partes da missa refletidas no 4º encontro.

2º grupo: escreve as partes da missa refletidas no 5º encontro.

3º grupo: escreve as partes da missa refletidas no 6º encontro.

4º grupo: escreve as partes da missa refletidas no 7º encontro.

Em seguida, lêem o que foi escrito, e os cartazes são afixados num lugar visível, como síntese dos quatro encontros.

📖 Oração

Pai querido, foram quatro encontros de formação para o estudo das partes da missa. Agora que já vi tudo isso, peço que eu consiga celebrá-la melhor e ajude as outras pessoas a rezarem melhor, porque quem conhece mais pode amar mais. Jesus, meu querido irmão, tu que és o pão vivo do céu, alimenta o meu coração para que ele consiga fazer somente o bem e evitar o mal. Amém!

Encontro VIII

Ano litúrgico I

Morei num seminário que fica no alto de uma montanha. É um lugar lindo, rodeado pela natureza virgem. De lá, tinha uma bonita visão do horizonte e das coisas que me cercavam. Subir a montanha... É preciso fazer a subida para se ter uma idéia de conjunto: pescoço de girafa!

Estamos fazendo uma caminhada e já estamos quase na metade da montanha da formação. Olhando para cima, vemos que ainda temos muitos passos a dar. O suor já escorre em nossas faces, o que é sinal de saúde! Continuemos, amigo e amiga, a escalada. Quando estivermos lá em cima, veremos o quão maravilhoso é a realidade que nos cerca!

Neste encontro e no próximo, conversaremos sobre o ano litúrgico, e aí entenderemos um pouco melhor o porquê das cores litúrgicas. Serão dois encontros agradáveis, você vai ver...

Avante!

O ano civil começa em 1º de janeiro e termina em 31 de dezembro. Diferente é o ano litúrgico da Igreja, o qual segue outra dinâmica, com início no primeiro domingo do Advento e término perto de dezembro, com a festa de Cristo Rei, no 34º domingo do Tempo Comum. Vamos ver isso com mais calma?

O domingo

A palavra "domingo" significa "dia do Senhor". Para nós, cristãos, é o dia dedicado a Jesus Cristo e àquele e àquelas que participam deste senhorio.

O primeiro dia da semana, o da ressurreição, logo no início do cristianismo, foi aquele em que os cristãos começaram a se encontrar para a celebração da ceia. Reuniam-se nas casas, rezavam e partiam o pão. Assim como eles, nós continuamos a nos encontrar aos domingos, fazendo o mesmo que eles. Tornou-se o dia da festa primordial, porque nele celebramos o mistério pascal de Cristo e da Igreja. Em cada missa, em cada celebração, comemoramos a Páscoa de Cristo, sua paixão/morte e ressurreição.

Se o domingo é festa da comemoração da ressurreição do Senhor Jesus, se é encontro da comunidade, celebra-se em clima festivo. Toda celebração é uma festa! Diante disso, precisamos preparar uma liturgia viva, criativa, animada, pois Cristo ressuscitou por causa de todos nós e se dá em alimento, na eucaristia, para alimentar as nossas vidas! É importante participar ativamente das celebrações e dos sacramentos, e celebrar com vida, pois o Senhor está vivo no meio de nós!

O ano litúrgico é a soma dos 52 domingos que formam um ano. Estes se dividem em quatro tipos relacionados a seguir:

1. Celebração dos mistérios do Senhor (Páscoa, Ascensão, Epifania...);

2. Tempos fortes de preparação e vivência dos mistérios: domingos do Advento e do Natal; Quaresma e tempo pascal.

3. Solenidades da Virgem e dos santos;

4. Domingos do Tempo Comum, que totalizam 34.

Cada domingo é caracterizado sobretudo pela Palavra de Deus proclamada na assembléia eucarística. Há o livro próprio que contém as leituras; chama-se lecionário dominical. Nele encontramos todas as leituras para todos os domingos. A Igreja dividiu os evangelhos (com exceção do evangelho de João) em três blocos. Cada um é lido de forma semicontínua durante aquele ano:

Ano A: leituras do evangelho de Mateus;

Ano B: leituras do evangelho de Marcos;

Ano C: leituras do evangelho de Lucas.

As leituras do evangelho de João são proclamadas todos os anos, nos tempos fortes da Quaresma e da Páscoa. Após as leituras do ano C, volta-se novamente às do ano A. Dessa forma, não há repetição e, a cada três anos, se formos todos os domingos às celebrações, ouviremos praticamente os quatro evangelhos e as principais leituras do Primeiro e do Segundo Testamento.

Ao participar das celebrações, somos convidados a nos confrontar com a prática de Jesus, dos profetas da Primeira Aliança e das primeiras comunidades cristãs. Ou seja, a Palavra de Deus nos ajuda a transformar a nossa vida em experiência pascal, à luz da mensagem de Cristo. Por isso, é importante viver o domingo, como o dia do Senhor, como Páscoa semanal, e recuperar o sentido do domingo em nossas vidas!

Esquema do ano litúrgico

1. Ciclo do Natal

a) **Advento**
- Tempo de preparação para as solenidades do Natal, em que se comemora a primeira vinda do Filho de Deus; é também um tempo em que nos voltamos para a expectativa da segunda vinda do Cristo, no fim dos tempos.
- Início: quatro domingos antes do Natal.
- Término: às vésperas do Natal.
- Atitude: mudança de vida, preparação e alegre espera.
- Cor: roxa.

b) **Natal**
- Término: solenidade do Batismo do Senhor.
- Atitude: fé e gratidão ao Senhor.
- Cor: branca.

2. Ciclo da Páscoa

a) **Quaresma**
- Visa a preparar a celebração da Páscoa.
- Início: Quarta-feira de Cinzas.
- Término: missa da ceia do Senhor exclusive (Quinta-feira Santa).
- Atitude: renúncia ao mal, penitência/humildade.
- Cor: roxa

b) **Semana Santa**
- Visa a recordar a Paixão de Cristo, desde sua entrada messiânica em Jerusalém. Começa com a celebração do Domingo de Ramos e da Paixão do Senhor.

c) **Tríduo Pascal**
- Ápice do ano litúrgico, no qual se comemora o mistério pascal.
- Quinta-feira Santa: ceia do Senhor e lava-pés.
- Sexta-feira Santa: paixão e morte de Jesus.
- Sábado Santo: vigília pascal.
- Término: tarde do domingo da Ressurreição.

d) **Tempo pascal**
- Duração: cinquenta dias entre o domingo da Ressurreição e o domingo de Pentecostes.
- Atitude: ressuscitar com Cristo.
- Cor: branca.

3. Tempo Comum

- Comemora-se o próprio mistério de Cristo em sua plenitude.
- Início: "O Tempo Comum começa na segunda-feira que segue ao domingo depois do dia 6 de janeiro e se estende até a terça-feira antes da Quaresma inclusive; recomeça na segunda-feira depois do domingo de Pentecostes e termina antes das Primeiras Vésperas do 1º domingo do Advento" (Normas universais sobre o ano litúrgico e o calendário, n. 44).
- Atitude: ser "sal da terra e luz do mundo".
- Cor: verde.

4. Festas do santos

- Conversão de são Paulo: 25 de janeiro.
- São José: 19 de março.
- Nascimento de são João Batista: 24 de junho.
- São Pedro e são Paulo: 29 de junho (no Brasil, celebra-se no domingo seguinte a essa data).
- Assunção de Maria: 15 de agosto (no Brasil, celebra-se no domingo seguinte a essa data).
- Nossa Senhora Aparecida: 12 de outubro.
- Todos os Santos: 1º domingo após 1º de novembro.
- Imaculada Conceição: 8 de dezembro.

 ## Em casa

No próximo encontro, construiremos um grande álbum do ano litúrgico. Para isso, selecione fotos e figuras que se relacionam com as várias partes do tempo litúrgico e as traga para o encontro.

 ## Oração

Meu bom Pai, a cada encontro que passa, mais coisas eu aprendo para melhor rezar e viver a tua Palavra. Não permitas que eu desanime; ao contrário, que eu me entusiasme sempre mais por tua Palavra. Amém!

Encontro IX

Ano litúrgico II

*F*icou *muito difícil para entender a primeira parte do estudo sobre o ano litúrgico? De fato, sem uma visualização em forma de esquema, fica um pouco complicado. Por isso, neste encontro, com as fotos e figuras que a turma trouxe, vamos montar um calendário. Mas, antes, vamos conversar sobre cada tempo litúrgico?*

No ano litúrgico, temos dois grandes ciclos, nos quais celebramos os mistérios de Cristo: o ciclo da Páscoa e o do Natal (conforme esquema do encontro anterior).

O ciclo da Páscoa realça mais a obra redentora do Filho, ao passo que, a partir de Pentecostes e no Tempo Comum, aparece fortemente a ação do Espírito Santo na vida da Igreja, inclusive com a celebração das solenidades, festas e memórias dos santos (BECKHÄUSER, Alberto. *Viver em Cristo*; o ano litúrgico. 2. ed. Petrópolis, Vozes, 1996. p. 48).

Ciclo do Natal

1. Advento

Quando vamos receber uma visita importante em nossa casa, nós a limpamos, tiramos o pó e arrumamos todas as coisas, para que a pessoa se sinta bem acolhida. Com o Advento, a Igreja nos comunica que Jesus está se aproximando, fará morada em nossa casa e nascerá em nosso coração. Então, vamo-nos preparar para acolhê-lo em nosso coração: pedir perdão a quem for preciso, "consertar" as coisas que fizemos de errado, para que, quando ele chegar, encontre espaço em nossa casa e em nosso coração. Para isso, temos as quatro semanas que antecedem o Natal. Esse período constitui o Advento, em que se usam os paramentos roxos, porque é um tempo de espera, de conversão, para que o Salvador encontre espaço em nossa vida para nascer. Como representa um tempo para preparar o caminho do Messias, é preciso então arregaçar as mangas e trabalhar para isso. A Igreja nos dá o testemunho de três pessoas, que, na história da salvação, já fizeram essa experiência: Isaías, João Batista e a Virgem Maria.

2. Natal do Senhor

É a festa em que os cristãos celebram o nascimento do Salvador, Jesus Cristo, em Belém de Judá, na Palestina. Nesse período, a humanidade ganhou o maior presente possível: o Filho de Deus, que se fez igual a nós para dar um sentido verdadeiro à nossa vida.

A celebração do Natal é, por excelência, a festa da luz. Nossa Senhora dá à luz Jesus Cristo, luz do mundo, que nos ensinou a humildade e a fraternidade. No século IV, escolheu-se a data de 25 de dezembro para celebrar o Natal do Senhor (na Roma pagã, nessa data, festejava-se o "nascimento do sol invicto"; a partir desse dia, no hemisfério norte, os dias começam a ficar mais longos). No momento em que se celebrava o nascimento astronômico do sol ou a vitória anual do sol sobre as trevas, foi apresentado aos cristãos o nascimento do verdadeiro Sol.[4] Para os cristãos, o único sol invicto é Jesus. Assim, a festa do seu nascimento ficou estabelecida nesse dia.

Após essa celebração, seguem as festas da manifestação de Jesus:

- Festa da Sagrada Família;
- Solenidade da Mãe de Deus;
- Epifania do Senhor;
- Festa do batismo do Senhor.

3. Tempo Comum (1ª parte)

O Tempo Comum compreende 34 semanas que estão fora do ciclo do Natal ou da Páscoa. Esses domingos não celebram aspectos particulares do mistério de Cristo. O Tempo comum desenvolve o mistério pascal de modo progressivo e profundo. É o tempo em que a comunidade cristã aprofunda na fé o mistério pascal e sublinha as exigências morais da vida nova.[5] É um tempo de crescimento – por isso a cor verde.

Entre o ciclo do Natal e o da Páscoa, existe uma primeira parte do Tempo Comum, em que não ocorre nenhuma solenidade especial e vai da festa do batismo do Senhor até a terça-feira antes da Quaresma.

---

[4] Cf. BERGAMINI, Augusto. *Cristo, festa da Igreja*. O ano litúrgico. São Paulo, Paulinas, 1994. pp. 196-197.

[5] Cf. Ibidem, p. 415.

Ciclo da Páscoa

1. Quaresma

A Quarta-feira de Cinzas abre esse tempo de conversão e penitência – daí o porquê da cor roxa dos paramentos –, convidando-nos à oração, ao jejum e à caridade. Estende-se até Quinta-feira Santa, exceto a celebração do lava-pés (com a qual tem início o tríduo pascal). É preciso renunciar ao mal e aderir ao bem. Nesse período quaresmal, comparamos nossas ações com as de Jesus, que, por fazer o bem, foi morto pelas autoridades de sua terra. A Igreja nos pede o jejum e a penitência de nossos pecados para que aconteça a nossa conversão à prática de Jesus. Fazer melhor aquilo que já se faz de bom: essa deve ser a penitência de todos nós, para nos assemelharmos a Jesus Cristo, nosso Salvador! A Campanha da Fraternidade (CF), realizada na época da Quaresma, incentiva-nos à prática da conversão, tornando-nos mais sensíveis aos problemas sociais. Anualmente, o tema se refere a uma causa social (trabalho, saúde, vida, violência).

2. Semana Santa

No domingo de Ramos, celebra-se a entrada triunfante de Jesus em Jerusalém. Naquele tempo, a multidão estendia mantos ou folhas de árvores pelo caminho para Jesus passar, aclamando-o como o "rei de Israel". Na liturgia atual, dá-se grande destaque à procissão de Ramos e ao tema da entrada triunfal de Jesus e a sua paixão (paramentos vermelhos). De Segunda-feira Santa até Quarta-feira Santa, a Igreja contempla o Servo sofredor (paramentos roxos). É a preparação para o tríduo (três dias) pascal.

Na parte da manhã da Quinta-feira Santa (atualmente, em muitas dioceses, celebra-se na quarta-feira à noite), tem-se a liturgia do Santo Crisma, momento em que o bispo, em torno dos padres da diocese e dos fiéis, abençoa o óleo do crisma, do batismo e dos catecúmenos. Também nessa celebração, os ministros ordenados renovam as promessas que assumiram no dia de sua ordenação.

3. Tríduo pascal

Na noite da Quinta-feira Santa, tem início o tríduo pascal. Celebram-se os mistérios da última ceia: o novo mandamento, o lava-pés, a eucaristia e a instituição do sacerdócio ministerial (paramentos brancos). Ao final da celebração, o presidente não dá a bênção final, mas, com os ministros e acólitos, translada (transporta) o Santíssimo Sacramento até o lugar previamente preparado para a adoração.

Na Sexta-feira Santa, a Igreja não celebra a eucaristia (é o único dia do ano em que não pode haver missa). É o grande dia do jejum em respeito à morte de Cristo, celebrada à tarde com a celebração da Paixão do Senhor. O presidente entra, não faz saudação nenhuma e, chegando ao presbitério, prostra-se ao chão (deita-se), em sinal de penitência, tristeza e aniquilamento por causa da morte de Jesus (estola vermelha). No presbitério não há enfeite, pois o clima é de tristeza. Vale ressaltar que nem no início, nem ao final, se faz o sinal-da-cruz, pois, desde quinta-feira até sábado, o conjunto dessas três celebrações é considerado uma única e grande celebração. Somente no final da missa do sábado ocorre a bênção final. Faz-se a adoração da santa cruz e, em muitos lugares, à noite, a procissão à luz de velas, rezando a via-sacra.

No Sábado Santo, com início já na sexta-feira, celebra-se a sepultura do Senhor, no aguardo da sua ressurreição. À noite, na vigília pascal, com muita luz e alegria, faz-se a celebração da bênção do fogo, da Palavra, da água, da renovação do nosso batismo e da eucaristia. Trata-se da celebração da vida renovada em Cristo ressuscitado (paramentos brancos).

4. Celebração da Páscoa e o Tempo Pascal

A ressurreição de Jesus é o grande mistério de nossa fé. Ele venceu a morte! Por isso, não há mais motivos para tristeza. A Páscoa é passagem, é libertação do pecado para uma nova vida, verdadeira vida, em clima de alegria, porque a vitória sobre a morte está garantida. "Ó morte, onde está tua vitória?" (cf. 1Cor 15, 55). Cristo ressuscitou, aleluia, por causa de todos nós. Com isso, mostra-nos o caminho para o Pai, a felicidade e a vida eternas. Por isso, a partir da vigília pascal, as celebrações são alegres (paramentos brancos). É a festa da vida nova do Cristo e dos cristãos. A vida brotou da morte, a luz venceu as trevas! O Senhor ressuscitou, aleluia, não há mais tristeza nem temor! Não comemoramos apenas um domingo. Os 50 dias do tempo pascal são comemorados como um só dia.[6] Isso quer dizer que a festa da Páscoa é celebrada durante 50 dias, pois é muito importante. São 50 dias de *aleluia*. Nesses dias, proclama-se o evangelho de são João, que traz uma bonita reflexão teológica dos sinais de Jesus e de sua prática como o verdadeiro Messias.

No 40º dia do tempo pascal, a Igreja comemora a ascensão de Cristo aos céus. Assim nos diz o evangelista Lucas: *Jesus levou-os em seguida até perto de Betânia e, levantando as mãos, abençoou-os. Enquanto os abençoava, distanciou-se deles e foi elevado ao céu* (cf. Lc 24,50-51).[7] Jesus, depois de ter vencido os adversários, volta para o Pai.

Pentecostes é celebrado 50 dias após a ressurreição de Cristo, com paramentos vermelhos. Essa cor é o símbolo do fogo do Espírito Santo, que desceu sobre os discípulos e continua vindo sobre cada um de nós, para sermos os continuadores da Boa-Nova de Jesus Cristo. Com essa solenidade, termina-se o ciclo da Páscoa e reinicia-se o Tempo Comum.

---

[6] *Normas universais sobre o ano litúrgico e o calendário*, n. 22: Os cinqüenta dias entre o domingo da Ressurreição e o domingo de Pentecostes sejam celebrados com alegria e exultação, como se fossem um só dia de festa, ou melhor, "como um grande domingo". É principalmente nesses dias que se canta o Aleluia.

[7] No Brasil, essa solenidade é celebrada no 7º domingo da Páscoa.

5. Tempo Comum (2ª parte)

A 2ª parte do Tempo Comum começa na segunda-feira depois de Pentecostes. A vida renasce na Páscoa, é fecundada pelo Espírito e desenvolve-se no Tempo Comum. É a Igreja vivendo o espírito pascal nos domingos do ano, fazendo amadurecer os frutos de boas obras para a preparação da vinda do Senhor.

Todavia, a cada domingo, a Igreja celebra a Páscoa semanal. Não é um tempo rotineiro, mas marcado pelo domingo, dia do Senhor, dia da sua ressurreição. Talvez o que nos falte é descobrir nas pequenas coisas do dia-a-dia a dimensão da pascalidade em Cristo Jesus para celebrá-las: a oração, o trabalho diário, as conquistas, as lutas, enfim, o nosso suor diário. Assim, toda celebração dominical se tornará um tempo forte de festa, de alegria, de encontro, de vida em abundância!

👥 Trabalho em grupo

Com as fotos e figuras e um papel grande, todos vão participar da confecção do calendário litúrgico. Divide-se o papel em oito partes: Advento, Natal, 1ª parte do Tempo Comum, Quaresma, Semana Santa, Tríduo e Tempo Pascal e 2ª parte do Tempo Comum. Colam-se as figuras na "estação" adequada. Assim, o ano litúrgico ilustrado vai ser montado em conjunto. Ao final, explica-se o porquê da localização de cada foto e as características que indicam aquela parte do ano litúrgico.

 **Em casa**

Responder às seguintes perguntas:

1. Para você, o que significa:

    a) Advento?

    b) Tempo do Natal?

    c) Tempo Comum?

    d) Quaresma?

    e) Tempo Pascal?

2. Numa folha à parte, copie as frases a seguir e complete as lacunas.

    a) No _____, destacam-se as seguintes personagens bíblicas: Isaías, João Batista e _____.

    b) No Natal, as celebrações são _____, pois nós ganhamos um grande presente: _____.

    c) O Tempo _____ é marcado pela alegria e esperança de fazermos aquilo que Jesus fez.

    d) Na _____, a Igreja reza: "Senhor, tende piedade de nós, libertai-nos do mal e salvai-nos".

    e) Na Páscoa, comemoramos a _____ de Jesus.

    f) Celebra-se 40 dias depois da Páscoa: _____.

    g) Celebra-se 50 dias após a Páscoa: _____.

Oração

Jesus, meu bom amigo, já posso dizer que entendo melhor as celebrações que rezo durante todo o ano. Confesso que é muita coisa para aprender, mas sei que, com o tempo, saberei tudo isso em meu coração. Obrigado por mais este encontro, pelas palavras que ouvi, pelas coisas que aprendi e pelos trabalhos que fiz. Que tudo isso eu consiga viver em minha vida, junto com os meus amiguinhos e amiguinhas. Amém!

Encontro X

Símbolos litúrgicos I

Este encontro foi escrito em pleno período de festas juninas. Diz a tradição que ao nascer João Batista, seu pai, Zacarias, para avisar os amigos que moravam um pouco longe de sua casa, acendeu uma fogueira. Esta passou a simbolizar o nascimento do filho. Implícito à linguagem visível, havia um significado invisível. É a linguagem simbólica, muito presente no nosso dia-a-dia.

Em cada gesto, em cada aperto de mão, há um significado. A liturgia está tecida de símbolos, sem os quais não seria possível celebrar nossa fé e participar da salvação de Deus. Por isso, neste e no próximo encontro, vamos conversar sobre os símbolos cristãos.

Bom encontro!

Vivemos em meio aos símbolos. Ao acordar, cumprimentamos as pessoas dizendo "Bom dia!", à tarde, "Boa tarde!", e à noite, "Boa noite!". Essas palavras simbolizam nosso amor para com o outro, nosso carinho, nossa admiração, nosso respeito. Muitas vezes, com essas palavras, fazemos um aceno de mãos, damos um abraço ou um beijo... Implícito em cada gesto, em cada movimento, há um grande significado. Quando nos perguntam: "Aí, cara, tudo bem?", podemos fazer "positivo" ou "negativo" com o nosso polegar. Não é preciso falar nada, pois o gesto já diz tudo.

A linguagem gestual é inerente aos seres vivos. Sem os gestos, mesmo que falássemos o dia todo, muitas vezes não conseguiríamos exprimir aquilo que sentimos. Basta olhar para um rosto sorridente para saber que tudo está bem; basta ver um olhar brilhante para saber que as coisas estão "às mil maravilhas"; basta ter sensibilidade para notar um olhar caído e perceber que alguma coisa de errado aconteceu. E nossas mães são doutoras nisso! Elas não deixam escapar nada! Nem adianta esconder, não é mesmo?

Os símbolos transmitem algo profundo, muitas vezes até misterioso. Quem não sabe o que simbolizam as cores branca, verde, azul ou preta? Se os símbolos estão por toda parte, também estão presentes no dia-a-dia de nossa prática religiosa. Basta observar nossas liturgias.

O que significa a palavra "símbolo"?

Antigamente, na Grécia, quando dois comerciantes faziam um contrato, pegavam um bastão e o quebravam ao meio. Cada um levava a sua parte para casa. Cumprido o contrato, uniam novamente as partes, dando por encerrado o acordo. Esse gesto simbolizava o contrato realizado. Ou ainda: para as festas, cada convidado recebia metade de uma moeda. Na entrada, era necessária a sua apresentação. Se esta se encaixasse com a outra metade do anfitrião, o portador tinha livre acesso à festa. A moeda simbolizava "ser convidado", o "ser amigo" do anfitrião.

O contrário da palavra "símbolo" é a palavra "diabo". Se símbolo quer dizer "juntar as partes", diabo significa "aquele que divide".

Parte I

- **Presbitério:** lugar em que se localiza o altar. Nele, é proclamada a Palavra de Deus, e o sacerdote (também chamado presbítero), o diácono e os demais ministros exercem o seu ministério.

- **Altar:** localiza-se no lugar mais importante da igreja. Sobre ele, torna-se presente o sacrifício da redenção do mundo. É o símbolo do próprio Cristo, que está no meio de nós – o Senhor da Igreja. Simboliza a mesa da ceia do Senhor, em que se reza a ação de graças sobre as oferendas do pão e do vinho, que se tornam corpo e sangue de Cristo. A celebração da eucaristia tem caráter de uma ceia, e todos nós somos convidados a participar dela. Em seu centro, durante a missa, coloca-se o corporal, sobre o qual se põem o cálice com vinho e a patena com o pão para ser consagrado. Sobre o cálice, vão um sangüíneo e a pala. Ao lado do altar, à direita do presidente da celebração, são colocadas a credência com as galhetas, toalha, bacia e jarra com água.

- **Ambão:** pequena tribuna localizada entre o presbitério e a nave da igreja. Nela, é proclamada a Palavra de Deus e feitas a homilia e a oração dos fiéis.

- **Batistério:** lugar destinado à celebração do batismo, onde está instalada a fonte batismal. Costuma situar-se na entrada da igreja, porque o batismo é o primeiro dos sacramentos.

- **Nave:** espaço central da igreja, destinado às pessoas que vêm participar das celebrações.

• **Sacrário ou tabernáculo**: lugar em que se guardam as hóstias consagradas. É uma pequena caixa de metal, madeira ou pedra, localizada geralmente na capela do Santíssimo Sacramento ou próxima do altar. Uma luz sempre acesa permanece próxima ao sacrário para indicar a presença de Jesus no Pão consagrado. Quando se passa diante dele, deve-se fazer uma genuflexão (dobrar os joelhos) em sinal de adoração e de profundo respeito. "Tabernáculo" significa "pequena tenda".

• **Cadeira da presidência:**

> (...) deve manifestar a sua função de presidir a assembléia e dirigir a oração. Por isso, o seu lugar mais apropriado é de frente para o povo no fundo do presbitério, a não ser que a estrutura do edifício sagrado ou outras circunstâncias o impeçam, por exemplo, se a demasiada distância torna difícil a comunicação entre o sacerdote e a assembléia, ou se o tabernáculo ocupar o centro do presbitério atrás do altar (...). A cadeira para o diácono esteja junto da cadeira do celebrante. Para os demais ministros, as cadeiras sejam dispostas de modo que se distingam claramente das cadeiras do clero e eles possam exercer com facilidade a função que lhes é confiada (Instrução Geral do Missal Romano, n. 310).

• **Cátedra**: cadeira reservada ao bispo, quando preside a assembléia litúrgica. Fica localizada na catedral (a palavra catedral vem de cátedra). É o assento de quem preside e de quem ensina – expressão visual da função do bispo na Igreja.

• **Crucifixo e cruz**: primeiro, representou um sinal de morte. No momento em que o Senhor ressuscitou, vencendo a morte, passou a significar redenção, vida nova. Para os que acreditam em Cristo, a cruz é o sinal da força de Deus pela qual todos somos salvos. Na cruz, há duas linhas: uma vertical, que une o céu e a terra, e uma horizontal, que se abre para toda a terra. Dos dois pedaços de madeira pende Jesus Cristo. Sinal dos cristãos, que entrelaça o céu e a terra, assim como Deus e pessoa se unem.

- **Imagens:** têm o mesmo significado afetivo das fotos de nossos pais, parentes e entes queridos. Representações artísticas de Cristo e dos santos.

- **Lamparina:** luz que está perto do sacrário indicando a presença do Senhor.

- **IHS:** essas três letras iniciais do grego representam o monograma de Jesus: sinal de identidade.

- **Cristo:** o "chi" grego escreve-se como o "x" do alfabeto português, e o "rô" grego, quando maiúsculo, equivale ao nosso "p". No grego, essas são as duas letras iniciais de Christós (Cristo). É o cristograma, símbolo muito antigo que adquiriu grande popularidade e está presente nas igrejas cristãs.

- **I.N.R.I.:** abreviação de Iesus Nazarenus Rex Iudeorum – Jesus Nazareno, Rei dos Judeus. Sigla que consta na maioria dos crucifixos, sobre a cabeça de Nosso Senhor.

Oração

Pai nosso, vejo que tu te utilizas símbolos para te aproximares de mim, de nosso grupo, da humanidade. Faze que eu também seja um símbolo teu e que, em mim, esteja a revelação do teu amor. Que as outras pessoas, ao me verem, consigam sentir-te e, sentindo-te, amem-te ainda mais. Amém!

Encontro XI

Símbolos litúrgicos II

Nossa vida é simbólica. Para se manifestar, Deus usou símbolos, sem os quais nada compreenderíamos a seu respeito. Por isso, eles são muito importantes para nossas celebrações litúrgicas. A maioria de nossas celebrações não atinge nosso coração por falta de compreensão e familiaridade com os símbolos litúrgicos. É necessário mudar isso.

Com essas breves palavras, que são um convite a nos apaixonarmos pelos símbolos e fazermos uso deles nas celebrações, continuemos nossa conversa.

Vamos lá?

Parte II

- **Cinzas:** serve de sinal externo de luto, tristeza e arrependimento. Simboliza a transitoriedade da vida. Na Quarta-feira de Cinzas, início da Quaresma, são usadas as cinzas resultantes da queima de ramos bentos do Domingo de Ramos do ano anterior. Com essas cinzas, assinala-se, na celebração do dia, a testa dos cristãos com uma cruz, recordando que Jesus venceu a morte. Por um lado, as cinzas lembram nossa fragilidade, a curta duração das coisas; por outro, aponta para a "vida futura", fruto da conversão.

O rito das cinzas significa:

- Transitoriedade da vida. Quando morremos, voltamos ao pó. Somos pó da terra e a ela retornaremos;
- Sinal de penitência. Simboliza o início da penitência pascal;
- A morte vencida pela cruz de Cristo. Da cinza nasce a vida nova.

• **Ramos**: a Semana Santa é aberta com o Domingo de Ramos. Nesse dia, faz-se a bênção e a procissão dos ramos. Com isso, a Igreja recorda a entrada triunfal de Jesus em Jerusalém, testemunhando sua fé no Cristo vitorioso. O verde dos ramos representa a esperança sempre viva na vitória de Jesus. No domingo que antecede a Páscoa, abençoam-se os ramos verdes, que são carregados em procissão solene. É um gesto que lembra os ramos que as pessoas arrancaram dos arbustos, quando Jesus entrou em Jerusalém montado num jumento (cf. Mt 21,1-11; Mc 11,1-10 e Lc 19,18-4). Elas gritavam "Hosana", que quer dizer "Salva, ajuda, por favor!". Depois da procissão, os ramos bentos são levados para casa e colocados próximos ao crucifixo: esse é o Rei que aclamamos.

• **Círio pascal**: vela grande, ornamentada, que representa Jesus ressuscitado. Simboliza Cristo, luz do mundo. O presidente da celebração traça uma cruz no círio e, em cada ponta e no meio da cruz, coloca grãos de incenso, representando as cinco chagas gloriosas de Jesus. Acima da cruz, escreve a primeira letra do alfabeto grego – α (alfa) – e, abaixo, a última – ω (ômega). São colocados os algarismos que correspondem ao ano em curso, simbolizando Jesus como Senhor da história e do tempo.

Na celebração da vigília pascal (sábado santo), o círio é aceso com o fogo abençoado e conduzido solenemente pelo presidente até o presbitério. Atrás dele vem a comunidade, que canta três vezes "Eis a luz de Cristo!" (na entrada da igreja, no meio e próximo ao altar). Em seqüência, todos acendem as velas no círio, que ficará aceso em todas as celebrações até a solenidade de Pentecostes. A partir de então, é posto próximo à fonte batismal. Também é aceso na celebração do batismo.

• **Flores**: sinais da beleza de nossa terra. Ao enfeitar as igrejas com elas, estamos louvando a Deus. É a natureza presente na liturgia, pois toda a criação se reúne para louvar seu Criador e agradecer-lhe. Quem não entende a linguagem das flores? Elas cantam diversos sentimentos: alegria, festa, amor, dedicação, uma homenagem interior... É uma linguagem muito expressiva. As flores ornamentam e alegram nossas vidas. Da mesma forma, a sua ausência é muito expressiva.

• **Incenso**: resina aromática extraída de diferentes árvores. É queimada no turíbulos em celebrações solenes e adorações ao Santíssimo Sacramento. Simboliza a oração das pessoas que sobe a Deus, como a fumaça branca, que perfuma o ambiente. Nas celebrações, ao incensar o altar, a cruz, o corpo e o sangue de Cristo, queremos dizer: "Este é mesmo o filho amado de Deus que agrada ao Pai"; em relação às pessoas, significa: "Vós deveis agradar a Deus como Cristo"; e quando são incensadas as ofertas, pedimos que agradem a Deus como sinal de nossa própria doação. Assim como o incenso sobe aos céus, a nossa oração e o nosso canto chegam até Deus. A liturgia confere importância a todos os sentidos. Como tem um cheiro bom, produz agrado e simboliza "o bom odor de Cristo".

Em nossas celebrações, utiliza-se o incenso nos seguintes momentos:

1. durante a procissão de entrada;
2. o altar, no começo da missa;
3. na procissão e proclamação do Evangelho;
4. na apresentação das ofertas (incensa-se as oferendas sobre o altar, o presidente da celebração e o povo cristão);
5. no momento da narração do memorial.

• **Água**: simboliza a vida. Além disso, ela nos lava e purifica. A água benta, colocada na entrada das igrejas, recorda o batismo. Em muitos momentos renovamos o nosso compromisso batismal com a aspersão da água benta, usada também para benzer casas e outros objetos.

• **Óleo**: na antigüidade, os grandes atletas eram ungidos para a competição. Para nós, cristãos, o óleo significa força, sermos escolhidos por Deus. É usado no batismo, na crisma, nas ordenações e na unção dos doentes.

• **Espiga e uva**: Jesus utiliza-se do grão de trigo e da videira em suas parábolas (cf. Mt 21,33-39). O pão e o vinho são sinais sagrados para o cristão. Na igreja, ao vermos uvas e espigas de trigo, lembramo-nos da ceia que Jesus nos preparou. Das espigas dos cereais fazemos pão, e da uva, vinho, que oferecemos no altar. Além disso, pão e vinho são sinais nossos, daquilo que somos (grãos) e de que poderemos fazer algo (pão) que é útil.

• **Vinho**: símbolo da alegria de viver. Pelo evangelho de João, vemos que o primeiro sinal de Jesus foi ter transformado água em vinho, num casamento em Caná da Galiléia (cf. Jo 2,3-10). Mas, o ponto mais alto da simbologia bíblica do vinho está nas palavras de Jesus na última ceia, ao dar o cálice aos seus discípulos: "Bebei dele todos, pois isto é o meu sangue, o sangue da aliança, que é derramado por muitos para remissão dos pecados" (cf. Mt 26,26-28). Na apresentação das ofertas, o vinho é misturado com um pouco de água. Após a mistura, não se consegue mais separar os dois, assim como é inseparável a divindade de Cristo de sua humanidade.

- **Peixe:** no século II, o peixe apareceu como símbolo de Cristo, tanto na forma da figura como pela seqüência das letras em grego.

 Em casa

Cite os símbolos que foram abordados nos dois últimos encontros. Desenhe alguns deles numa cartolina para o próximo encontro. Que tal se reunir na casa de um amiguinho para fazer o trabalho?

Oração

Pai querido, obrigado por mais este encontro. Gosto muito de estar reunido com meus amigos e amigas que caminham junto comigo neste ministério. Somos um grande símbolo para a nossa comunidade: significamos a vida a serviço do amor. Que o nosso trabalho ajude a nossa comunidade a ser melhor, mais humana e mais fraterna. Amém!

Encontro XII

Livros e objetos litúrgicos

A *formação precisa ser progressiva e gradual, respeitando a caminhada do grupo. Os mais "velhos" podem auxiliar nestes encontros.*

O encontro de hoje será bem "pesado". Veremos os objetos litúrgicos. É conveniente realizá-lo no próprio presbitério, com os objetos litúrgicos sobre uma mesa, ou na própria sala de encontros, com todos os objetos ali presentes.

Você já prestou atenção nos objetos que os coroinhas entregam ao padre durante as celebrações? Sabe o nome deles? Mesmo sendo muitos, todos são importantes e têm sua função na celebração da missa. Vamos fazer uma viagem fantástica pelo mundo dos objetos litúrgicos. Você é o nosso convidado. Por isso, a primeira poltrona desta viagem está garantida para você!

Boa viagem!

Livros

- **Lecionários:** livros que contêm os textos bíblicos proclamados na missa. São divididos em quatro: dominical ABC (para os anos A, B e C, nos ciclos das leituras do ano litúrgico), ferial (para os dias da semana), santoral (contém as leituras próprias dos santos) e evangeliário (traz fragmentos dos evangelhos para as missas dominicais).

- **Missal:** livro grande, geralmente de capa dura e vermelha, que contém todas as orações usadas na celebração da missa.

- **Rituais:** livros que contêm os ritos e as orações para os sacramentos do batismo, da crisma, da unção dos enfermos, da penitência, do matrimônio e da ordem. Além do ritual das bênçãos e profissões religiosas.

Alfaias litúrgicas

- **Âmbula ou cibório:** espécie de cálice com tampa, onde são colocadas as hóstias que serão distribuídas às pessoas. É um vaso sagrado que, após a celebração da eucaristia, se contiver com hóstias, será guardado no tabernáculo.

- **Cálice:** é o principal dos vasos sagrados do culto cristão, no qual é consagrado o vinho na celebração da Eucaristia. Na última ceia, Jesus tomou um cálice que entregou aos seus discípulos, dizendo: "Bebei dele todos, pois isto é o meu sangue, o sangue da aliança, que é derramado por muitos para a remissão dos pecados" (cf. Mt 26,27-28).

- **Custódia ou ostensório:** objeto onde se expõe a hóstia consagrada para ser adorada com solenidade pelos fiéis nas procissões ou bênção com o Santíssimo. Quase sempre é trabalhado artisticamente. Possui pedestal e suporte para que, ao ser colocado no altar, todos possam vê-lo.

- **Patena:** vaso sagrado destinado a receber as hóstias.

Para consagrar as hóstias, é conveniente usar uma patena de maior dimensão, onde se coloca o pão para o sacerdote e o diácono, bem como para os demais ministros e fiéis (Instrução Geral do Missal Romano, n. 331).

- **Teca:** pequeno estojo de metal, redondo, usado para levar a eucaristia às pessoas doentes ou idosas.

- **Aspersório:** pequeno bastão de metal com o qual se asperge água benta sobre as pessoas.

- **Caldeira de água benta:** recipiente utilizado para colocar a água benta que será aspergida sobre as pessoas.

- **Castiçal:** objeto de metal usado para colocar as velas durante as celebrações.

- **Corporal:** toalhinha de linho engomado, quadrada, branca, que o sacerdote estende no altar e sobre a qual serão colocados o cálice e a patena com o pão a ser consagrado.

- **Credência:** mesinha sobre a qual são postos os objetos sagrados usados na celebração.

- **Galhetas:** pequenos vasos em que são colocados a água e o vinho usados durante a missa.

- **Hóstia:** pequeno pedaço de pão ázimo (sem fermento) consagrado na missa. Antes da consagração, é chamado de partícula.

> A verdade do sinal exige que a matéria da celebração eucarística pareça realmente um alimento. Convém, portanto, que, embora ázimo e com a forma tradicional, seja o pão eucarístico de tal modo preparado que o sacerdote, na missa com povo, possa de fato partir a hóstia em diversas partes e distribuí-las ao menos a alguns dos fiéis. Não se

excluem, porém, as hóstias pequenas, quando assim o exigirem o número dos comungantes e outras razões pastorais. O gesto, porém, da fração do pão, que por si só designava a eucaristia nos tempos apostólicos, manifestará mais claramente o valor e a importância do sinal da unidade de todos num só pão e da caridade fraterna, pelo fato de um único pão ser repartido entre os irmãos (Instrução Geral do Missal Romano, n. 321).

• **Lavabo**: conjunto de jarro, bacia e toalha (manustérgio). É usado para lavar as mãos do presidente da celebração e enxugá-las depois de receber as oferendas.

• **Manustérgio**: toalhinha de linho usada pelo presidente da celebração e pelos ministros para enxugar as mãos após lavá-las durante a missa.

• **Naveta**: vasilha com formato de um pequeno barco, onde se guarda o incenso que será queimado no turíbulo. Dentro dela, há uma pequena colher de metal usada para colocar o incenso sobre as brasas que estão no turíbulo.

• **Pala**: cartão quadrado, forrado de linho, utilizado para cobrir o cálice durante a missa, protegendo-o de insetos e poeira.

• **Sangüinho ou sangüíneo**: pano de linho utilizado para purificar o cálice e as âmbulas após a comunhão. Deve ser colocado sobre o cálice antes da missa.

• **Turíbulo**: recipiente de metal onde se colocam brasas para a queima do incenso. Nos dias festivos, são incensados o altar, o evangeliário, o crucifixo, o Santíssimo Sacramento, o presidente da celebração e a assembléia.

• **Velas**: simbolizam a luz, que é Cristo. Ficam em lugar de destaque, fora do altar, e são acesas antes da procissão de entrada.

É só isso? Com certeza, não. São muitos os objetos. Por isso, no próximo encontro, continuaremos o assunto. Por ora, bastam esses.

 **Em casa**

Vamos relembrar:

Âmbula: espécie de cálice com tampa, onde são colocadas as hóstias que serão distribuídas às pessoas.

Cálice: principal dos vasos sagrados do culto cristão, no qual é consagrado o vinho na celebração da Eucaristia.

Corporal: toalhinha de linho engomado sobre a qual são colocados o cálice e a patena com a partícula a ser consagrada.

Galhetas: vasilhas onde são colocadas a água e o vinho usados na missa.

Pala: cartão quadrado, forrado de linho, utilizado para cobrir o cálice durante a missa.

Sangüíneo: pano de linho usado para purificar o cálice e a âmbula.

 **Oração**

Senhor Jesus, obrigado por ter me chamado ao ministério de coroinha. Hoje, aprendi muitas coisas do que preciso para servir nas celebrações. Algumas, Senhor, são difíceis para mim. Ajuda-me a aprender melhor o que devo, para servir a minha comunidade e a ti. Amém.

Encontro XIII

Vestes litúrgicas

Neste encontro, abordaremos a definição das vestes litúrgicas. Foi muito difícil aprender os nomes dos objetos litúrgicos? Eu imagino que sim. De qualquer forma, não é fundamental dominar a nomenclatura logo no início. Por hora, importa conhecer a função de cada objeto, a ordem correta da entrega das alfaias no momento da apresentação das oferendas e o que fazer com elas após a comunhão.

A diversidade de ministérios manifesta-se nos tipos de vestes, que indicam a função de cada ministério.

> Na Igreja, que é o corpo de Cristo, nem todos os membros desempenham a mesma função. Esta diversidade de funções na celebração da eucaristia manifesta-se exteriormente pela diversidade das vestes sagradas, que, por isso, devem ser um sinal da função de cada ministro. Importa que as próprias vestes sagradas contribuam também para a beleza da ação sagrada (Instrução Geral do Missal Romano, n. 335).

1. Do coroinha:
   - **Túnica**: veste geralmente branca, que cobre todo o corpo. Também chamada de alva.
2. Do ministro extraordinário da eucaristia:
   - **Túnica** (opa): veste que vai até a cintura ou joelho.
3. Do diácono:
   - **Cíngulo**: cordão amarrado na cintura, sobre a túnica. É branco ou da cor dos paramentos do dia. Seu uso não é obrigatório.
   - **Dalmática**: veste colocada sobre a túnica, semelhante à casula do celebrante e da mesma cor da estola.
   - **Estola de diácono**: faixa colocada na diagonal, a partir do pescoço, da esquerda para a direita, sobre a túnica. A cor varia conforme o tempo litúrgico.
   - **Túnica**: veste geralmente branca, que recobre todo o corpo, até os pés. Era usada pelos nobres gregos e romanos.
4. Do padre:

   Além do cíngulo[8] e da túnica, o padre usa:
   - **Capa pluvial**: usada pelos antigos em tempo de chuva. Possui capuz. Os ministros ordenados usam-na em funções litúrgicas solenes, como a bênção do Santíssimo Sacramento e as procissões eucarísticas.
   - **Casula**: veste sacerdotal usada nas celebrações eucarísticas, sobre a túnica. A cor varia conforme o tempo litúrgico. A CNBB (XII Assembléia Geral, 1971) aprovou a substituição do conjunto alva e casula por túnica ampla, de cor neutra, com estola da cor do tempo ou da festa.

---

[8] Se for necessário, o coroinha também usa o cíngulo.

- **Estola de padre:** faixa vertical, colocada sobre a túnica, que desce do pescoço, formando duas pontas na frente. A cor varia conforme o tempo litúrgico.

5. Do bispo, do arcebispo, do cardeal e do papa:

    Além de usarem casula, túnica e estola, é próprio deles:

    - **Báculo:** bordão que simboliza o serviço como pastor do povo de Deus.

    - **Mitra:** tipo de "chapéu" pontiagudo colocado na cabeça durante as celebrações solenes.

    - **Pálio:** espécie de "estola" em miniatura, só com uma ponta, colocada sobre a casula. Os bispos não a usam; somente os arcebispos, cardeais e o papa. É feito com lã de ovelha.

    - **Solidéu:** pequeno pano, em forma de disco, que cobre o cimo da cabeça. O nome é originário dos dignatários eclesiásticos que só o tiravam em nome de Deus (soli Deo), durante a parte mais solene da celebração eucarística. O solidéu do papa é branco; dos cardeais, vermelho, e dos bispos e arcebispos, violáceo.

    - **Anel:** sinal da dignidade episcopal e do compromisso com a Igreja diocesana, da qual está colocado à frente como pastor e mestre da fé.

As cores litúrgicas

O ano litúrgico possui diferentes cores, conforme o tempo litúrgico.

- **Branco:** cor da pureza, cor pascal, cor dos batizados. Indica a ressurreição, a alegria. É usada festivamente no Tempo Pascal e do Natal, nas festas de Jesus Cristo, de Nossa Senhora e nas dos santos não mártires.

- **Vermelho**: cor que nos lembra do fogo do Espírito Santo e de sangue de Cristo na sua paixão. É usada em Pentecostes, no domingo de Ramos, na Sexta-feira Santa, nas festas dos apóstolos (exceto na festa de são João, que não foi mártir) e nas dos mártires (foram mortos, derramaram sangue por causa da fé cristã).
- **Verde**: cor da esperança, usada em todos os 34 domingos do Tempo Comum.
- **Roxo ou violeta**: cor que lembra a penitência e a mortificação. É usada durante o Advento (preparação do Natal) e durante a Quaresma (preparação da Páscoa), assim como nas missas dos fiéis falecidos.
- **Rosa**: cor muito pouco usada. Seu uso acabou se tornando facultativo no 3º domingo do Advento e no 4º domingo da Quaresma, representando suavização da penitência e do sacrifício durante esses períodos.

Em casa

1. Indique as vestes litúrgicas mais utilizadas pelo padre de sua comunidade.
2. Cite as vestes litúrgicas usadas pelo bispo ou papa que mais lhe chamam a atenção.
3. Em sua opinião, as vestes utilizadas pelos coroinhas estão bem conservadas em sua comunidade?
4. Depois de vestidos para as celebrações, como os coroinhas devem se comportar?

Para relembrar:

Vermelho: cor que lembra o fogo do Espírito Santo e o sangue de Cristo na sua Paixão. É usada em Pentecostes, no Domingo de Ramos, na Sexta-feira Santa, nas festas dos apóstolos e dos mártires.

Verde: empregada durante os domingos do Tempo Comum.

Roxo: cor utilizada no Advento, na Quaresma e nas celebrações fúnebres.

Branco: cor usada nas principais festas da Igreja.

Vamos fazer um bingo?

Aqui está apenas um modelo de cartela. Cada um deve ter uma. Vence quem completar a coluna vertical ou a horizontal, assinalar os cinco primeiros nomes ou completar a cartela.

Quem cantar o bingo não diz o nome do objeto, mas a sua função. Por exemplo: a palavra sorteada foi "cálice". Ele diz: "destina-se a receber o sangue de Cristo". É um meio de se gravar melhor o nome do objeto.

B	I	N	G	O
Túnica	Cíngulo	Castiçal	Turíbulo	Casula
Aspersório	Credência	Báculo	Sacrário	Sangüíneo
Mitra	Vinho	Ostensório	Sineta	Missal
Círio pascal	Pala	Hóstia	Naveta	Galhetas
Cálice	Manustérgio	Lecionário	Incenso	Teca

📖 Oração

Pai-mãe do céu, eis-me aqui, já no quinto encontro de formação. Eu te agradeço muito por ter conseguido chegar até aqui. Ajuda-me a perseverar e aprender tudo o que preciso para ser um bom coroinha. Peço também pela minha família, por meus amigos e amigas. Que eles sejam felizes, assim como eu sou feliz. Daqui a pouco tempo, Senhor, eu já estarei na celebração da comunidade como coroinha. É isso que eu quero de todo o meu coração. Obrigado. Amém!

PARTE II
O Senhor nos chama

Encontro XIV

Um pouco de história I

Mais um encontro!

Estamos neste caminho juntos, não é mesmo? Por isso, vamo-nos dar as mãos para alcançar as metas estabelecidas. Você está aí porque quer aprender mais, ser mais e servir a comunidade. Trabalhemos juntos pelo amor que sentimos a Deus. Por amá-lo e saber que ele nos ama muito mais, participemos da construção de um mundo melhor.

O coroinha na história da Igreja

Você conhece a história de sua família? Conhece a origem de seus ancestrais? Por que se estabeleceram por aqui? E você sabe por que você recebeu seu nome? Essas informações fazem parte da nossa história de vida. Todos nós temos uma história, assim como as coisas criadas. O universo tem aproximadamente 15 a 20 bilhões de anos. Uma grande história, não? A humanidade, quantos anos tem? Quem disse mais ou menos 1 milhão de anos acertou. Agora, comparando-se a idade do universo com a da humanidade, percebemos quão crianças ainda somos. Isto significa que temos muito o que aprender.

Se tudo tem sua história, qual é a do coroinha? Eles existiram desde o início da Igreja? Antes disso: a Igreja sempre existiu? O que vocês acham?

Olhando para a nossa história, vemos que a Igreja existe há aproximadamente dois mil anos. Já é uma boa caminhada. Mesmo assim, ela não está velha, nem caduca. Ao contrário, continua jovem, evoluindo com o passar do tempo. Nasceu com Jesus e com seus discípulos. Disse ele: "Ide, portanto, e fazei que todas as nações se tornem discípulas, batizando-as em nome do Pai, do Filho e do Espírito Santo e ensinando-lhes a observar tudo quanto vos ordenei. E eis que eu estou convosco todos os dias, até a consumação dos séculos!" (cf. Mt 28,19-20).

Temerosos, os discípulos demoraram a obedecer ao pedido de Jesus. Mas, depois de Pentecostes (cf. At 2,1-13), uma força tremenda os invadiu, e eles acabaram perdendo o medo e foram anunciar a sua mensagem. Por onde passavam, as pessoas paravam para escutá-los e, gradativamente, as comunidades foram surgindo. Em pouco tempo, muitas eram as pessoas que se diziam cristãs, seguidoras de Jesus Cristo.

Nos primeiros anos, as pessoas se reuniam nas casas e, ali, celebravam a ceia eucarística. Eram encontros fraternos, as pessoas se conheciam e, por isso, cada um sabia das necessidades dos outros e ajudavam-se mutuamente.

Qual a diferença entre as celebrações de hoje e as do início do cristianismo?

Muitas são as diferenças. Nossas comunidades cresceram tanto, que, hoje em dia, a maioria das pessoas que vêm à missa não se conhece. Não seria uma boa idéia tentarmos voltar a formar pequenos grupos, nos quais cada um tem vez e voz e, ali, celebrarmos a eucaristia? O que você acha de o nosso grupo de coroinhas se inspirar nos primeiros cristãos e caminhar como eles? É um grande desafio...

Nas primeiras comunidades, os coroinhas já existiam? Não. Ainda não existiam, porque, nesse período, as pessoas cristãs eram perseguidas, e as que fossem presas e confessassem ser cristãs poderiam ser mortas. Assim como Jesus Cristo, os apóstolos, exceto João, foram perseguidos e mortos.

Os primeiros cristãos eram muito corajosos. Muitos deles não se amedrontavam ao encararem a morte de frente. Ao serem interrogados, muitos não negavam ser cristãos. Isso ocorreu com um grande número de pessoas. Apesar da perseguição, a Igreja foi se estruturando. Além dos apóstolos, havia diáconos, anciãos, profetas, viúvas, virgens, presbíteros e bispos, cujo objetivo em comum era formar a comunidade cristã. Somente após o fim da perseguição à Igreja, surgiram os coroinhas.

Como foi o surgimento do ministério do coroinha?

Em 313, o imperador Constantino, de Roma, assinou um acordo em Milão, que permitia que os cristãos se encontrassem para rezar e celebrar a eucaristia. Foi um grande acontecimento. A partir desse momento, as perseguições foram, aos poucos, acabando. Então, as pessoas deixaram de celebrar nas casas. Como o número de cristãos cresceu muito, eles passaram a fazê-lo em grandes igrejas, as chamadas basílicas, construídas com a ajuda do Império. Nessa época, houve o surgimento dos diversos ministérios e os respectivos responsáveis: bispo ou padre, acólitos, leitores, coroinhas, sacristão e o povo em geral.

Trabalho em grupo

Turma dividida em quatro grupos, que terão 20 minutos para a discussão das questões relacionadas abaixo. Em seguida, cada representante do grupo expõe as respostas.

1. No início, os cristãos se reuniam nas casas para a celebração eucarística. As comunidades eram pequenas. Depois do acordo assinado por Constantino, as comunidades cresceram rapidamente, e o espaço das casas tornou-se insuficiente para acolher as pessoas. Iniciou-se, então, a construção de grandes igrejas. Esse acontecimento foi bom ou ruim? Por quê?
2. Na época da perseguição à Igreja, muitas pessoas foram batizadas, mesmo sabendo que poderiam ser mortas. Se atualmente ocorresse isso em nossa Igreja, as pessoas teriam coragem de se dizer cristãs? Justifique sua resposta.
3. É mais fácil ser cristão hoje? Por quê?

Chegamos ao final deste encontro. Continuaremos a refletir sobre a história do coroinha no próximo encontro. Até lá!

Em casa

1. Ao participar das celebrações na sua comunidade, observe:
   - Todas as pessoas participam das celebrações?
   - Como as pessoas se comportam durante as celebrações: Rezam junto? Cantam? Estão motivadas?
   - Quem preside a celebração conhece as pessoas da comunidade? Sabe o nome dos fiéis? Eles vão conversar com ele antes ou após a missa?
   - Ocorre hoje o mesmo que nas primeiras comunidades cristãs?
2. Como era a celebração dos primeiros cristãos?

Oração

Senhor Jesus Cristo, estou muito feliz por me teres chamado a ser coroinha. Conhecendo melhor a história da tua Igreja, sei que poderei servir melhor a tua comunidade. Ajuda-me a ser um verdadeiro cristão em tempos de alegria e de tristeza. Que eu seja sempre fiel à tua Palavra e que, por onde eu passar, as pessoas possam ver em mim a tua face.

Maria, mãezinha querida, tu que foste fiel ao teu Filho, carrega-me em teu colo maternal, assim como carregaste Jesus menino. Amém!

Encontro XV

Um pouco de história II

É importante que você estabeleça laços afetivos com o grupo. O tempo disponível para os encontros não permite isso de forma ideal. Na medida do possível, sugira encontros com os seus pais, não só para reuniões, mas também para confraternização, como brincadeiras, assistir a um filme.

Você que está começando a atuar como coroinha, faça dos coroinhas "antigos", que continuam exercendo o serviço no altar, um exemplo perante a necessidade de se preparar bem para o exercício do ministério. Peça ajuda a eles, que vão se sentir valorizados por colaborarem em sua formação.

Neste encontro, continuaremos abordando, em linhas gerais, o tema da história da Igreja e o surgimento do ministério do coroinha.

O coroinha na história da Igreja após o fim da perseguição

Depois do ano 313, com o fim da perseguição à Igreja, como já vimos, as pessoas passaram a celebrar nas grandes igrejas, construídas com a ajuda das pessoas ricas do Império. Muitas passaram a participar das celebrações e cada vez mais tinham que ser bem preparadas para as diversas funções, entre elas, a do coroinha.

Mas alguém poderá perguntar: Já não existiam os coroinhas antes disso? E a história de Tarcísio? Ele não viveu antes desse período?

Tarcísio já havia sido morto quando a Igreja deixou de ser perseguida. Naquele tempo, não existiam coroinhas, porque eles poderiam ser mortos. Havia somente bispos, padres e diáconos. Foi atribuído a Tarcísio o título de padroeiro dos coroinhas, mas, na sua época, não havia esse ministério. Depois da sua morte, quando a Igreja já estava livre, começaram a dizer que ele foi o primeiro coroinha, por ter sido um modelo de amor pela eucaristia e pela vida.

No final do século IV, o centro da vida do cristão era a participação no culto, na liturgia, na celebração eucarística dos domingos e dos dias de festa.

Coroinha

Uma parte da igreja é o coro (daí vem a palavra coroinha): balcão onde ficavam os cantores, os acólitos e os sacristãos – os únicos que podiam responder às celebrações, pois sabiam o latim. Eles eram treinados para dizer em latim aquilo que era destinado às pessoas. Decoravam as frases e respondiam em nome dos presentes. Foi nesse ambiente que surgiram os coroinhas, os meninos do coro. Na hora da oração, eles iam até o coro para recitar as orações e ajudar o padre. Além disso, aprendiam a ler e cantar com ele. Naquele tempo, ainda não existiam escolas. Poucas eram as pessoas alfabetizadas; crianças, então, menos ainda.

Foi assim que os coroinhas começaram a ganhar espaço nas celebrações. Até aproximadamente 1960, somente eles respondiam à missa, rezada em latim. Os fiéis só assistiam a ela. Quando passou a ser celebrada em nossa língua, as pessoas passaram a rezar, cantar e orar juntas. Então, os coroinhas perderam a sua função? Não! Ao contrário, hoje, mais do que nunca, os coroinhas são muito importantes nas celebrações de nossas comunidades. Eles ajudam a servir o altar e acompanham o celebrante nos batizados e nas primeiras eucaristias, além de participarem em teatros, homenagens, leituras... São fundamentais para a nossa comunidade, pois desempenham um ministério, um serviço.

Em sua comunidade, há espaço para crianças, pré-adolescentes e adolescentes participarem da vida litúrgica? Vocês são convidados para ajudar nas celebrações, nas festas ou em outros eventos da comunidade? Como você acha que seria a nossa Igreja sem a contribuição de vocês?

Sem a participação dos coroinhas, as nossas celebrações não seriam tão alegres. Você sempre será bem-vindo em nossa comunidade. Convide um amiguinho ou amiguinha que ainda não participa ou participa muito pouco. Traga-os. Se todo mundo der a sua contribuição, nossa comunidade irá ser sempre mais viva e alegre.

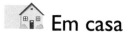 **Em casa**

Leia com a família At 2,42-47 e reze, de mãos dadas, a oração que Jesus Cristo nos ensinou: o pai-nosso.

Não se esqueça de trazer a Bíblia para os encontros.

📖 Oração

Senhor, sei que sou muito importante para ti. Eu te agradeço por confiares em mim e por teres me chamado à vida. Estou me preparando para te servir melhor e para ajudar a minha comunidade a ter mais vida. Ajuda-me a não desanimar, nem ter preguiça de participar dos encontros. Que eu seja aquilo que tu queres. Amém!

Encontro XVI

O Senhor me chamou: coroinha sou!

*H*oje, o encontro será vocacional. Aliás, todos os encontros de formação têm um caráter vocacional. Não se esqueça disso. A dimensão vocacional perpassa a formação dos coroinhas (vocação não apenas para ser padre ou religiosa). Esse grupo pode ser a porta para outros ministérios na Igreja.

Jesus viu Simão Pedro, Tiago, João, Bartolomeu e os demais e chamou-os dizendo: "Vinde após mim, e eu vos farei pescadores de pessoas" (cf. Mt 4,19). Jesus viu Maria Madalena, Salomé, Maria, a mãe de Tiago, e também chamou-as, dizendo: "Vinde após mim e eu vos farei pescadoras de pessoas". E todos os seguiram.

Que tal lermos Mt 4,18-22 diretamente na Bíblia?

O que você entendeu dessa passagem? Será que isso vale para nós também?

"Antes mesmo de te formares no ventre materno, eu te conheci; antes que saísses do seio, eu te consagrei. Eu te constituí profeta para as nações" (cf. Jr 1,5). A todos o Senhor chama. Nós ouvimos o seu chamado e viemos participar desse grupo. Estamos ajudando a nossa comunidade a ser mais comunidade, a ser mais Igreja. Dessa forma, com a nossa ajuda, com o compromisso que estamos assumindo como coroinhas, levaremos a mensagem de Jesus Cristo mais perto das pessoas. Ele confia muito em nós!

Vamos ler! Abra a Bíblia em Mateus, capítulo 28, versículos 16 a 20.

Pelo jeito, todos temos esse compromisso para com o Senhor. E cada um vai responder do seu jeito. Nós já estamos respondendo, não estamos? Para muitos de nós, esse é o primeiro ministério em nossa comunidade. Agradeçamos a Deus por isso e rezemos para que continuemos a servi-lo, assumindo, à medida que crescemos, outros ministérios (grupo de jovens, auxiliar de catequista, auxiliar de coroinhas).

👤👤👤 Trabalho em grupo

Turma dividida em quatro grupos: cada um lerá um trecho bíblico e, com base nele, preparará uma pequena encenação a ser apresentada neste encontro.

Grupo 1: Ex 3,1-6

Grupo 2: 1Sm 3,1-10

Grupo 3: Mt 4,18-22

Grupo 4: Lc 1,26-38

O que nós podemos concluir a partir das apresentações?

Somos enviados a realizar algo, a fazer algo de melhor em nossa comunidade. Temos uma grande missão, que consiste em continuar a de Jesus: acolher o Reino de amor e de justiça. Será que ele pode contar com a nossa ajuda?

Digamos juntos: somos chamados a ser coroinhas em nossa comunidade! Isso é um privilégio! É um serviço, um ministério que vamos assumir porque amamos a Deus e aos nossos irmãos.

Já que nós assumimos isso, precisamos:

- ter espírito de disponibilidade (estar pronto para ajudar), de vida e de equipe (trabalhar em conjunto);
- estar atentos às necessidades das pessoas de nossa comunidade;
- ser pessoas de oração;
- fazer as coisas se perguntado: "Jesus faria o que vou fazer?";
- ser responsáveis.

Qual será a sua resposta?

Oração vocacional

Dirigente: Ao final deste encontro, queremos agradecer ao Senhor da vida por nos ter chamado a este ministério. Deus, Trindade, vem ao nosso encontro, e chamando-nos pelo nome, envia-nos à missão. Vamos ao encontro desse Deus, dizendo:

Todos: Em nome do Pai, do Filho e do Espírito Santo.

Canto: Me chamaste para caminhar na vida contigo...

Leitor 1: O nosso grupo de coroinhas quer ser fiel ao chamado de Jesus Cristo.

Leitor 2:	Por isso, nos estamos preparando bem para assumir com convicção este chamado.
Leitor 3:	Esta preparação nos ajudará a dar o nosso "sim".
Todos:	Nós somos coroinhas do Senhor a serviço do Reino.
Leitor 4:	O Senhor disse: "Vinde e vede". Os discípulos foram, e ficaram com ele aquele dia.
Leitor 5:	Nós também queremos ver onde mora Jesus Cristo para podermos estar mais perto dele.
Todos:	Senhor, eis-nos aqui. Envia-nos, porque queremos te ajudar nesta missão! Seremos testemunhas do teu amor, hoje e sempre!
Leitor 1:	Para vivermos no amor,
Todos:	Eis-nos aqui!
Leitor 2:	Para fazermos o bem a todos,
Todos:	Eis-nos aqui!
Leitor 3:	Para sermos carinhosos e compreensivos,
Todos:	Eis-nos aqui!
Leitor 4:	Para ajudarmos a quem precisa,
Todos:	Eis-nos aqui!
Leitor 5:	Para sermos teus coroinhas,
Todos:	Eis-nos aqui!
Dirigente:	O Senhor nos envia. Vamos para nossa casa, para nossa escola, para nossa comunidade, e onde estivermos, sejamos os vocacionados do Pai. Juntos, rezemos um pai-nosso e uma ave-maria. (Conclui-se a oração.)

Em casa

1. Pergunte a seus pais ou responsáveis:
   - O que é vocação?
   - Vocês estão assumindo a sua vocação?
   - Para vocês, o que está faltando para as pessoas que ainda não responderam ao chamado de Deus?

2. Descubra alguns dos vocacionados presentes na Bíblia e escreva os nomes em uma folha à parte. Para isso, leia as passagens bíblicas indicadas:[9]
   - Um grande vocacionado que se tornou rei do povo de Israel (2Sm 5,15).
   - Foi um grande profeta (Jr 1,1).
   - Personagem bíblico que, de perseguidor, tornou-se um grande missionário (At 9,1-9).
   - Grande vocacionado que ajudou o povo de Israel a se libertar da escravidão do Egito (Ex 3,7-12).
   - Pronunciou a frase: "Eis aqui a serva do Senhor!" (Lc 1,38).
   - Disse: "Segui-me e eu farei de vós pescadores de homens!" (Mt 4,12-19).
   - Preparou a chegada de Jesus (Mt 3,1-2).
   - Substituiu Judas no grupo dos apóstolos (At 1,15-26).

---

[9] Baseado na Maratona Vocacional, n. 1, da Arquidiocese de Florianópolis.

Encontro XVII

Vocação do leigo

Vamos continuar conversando sobre o tema-eixo desses nossos encontros: a vocação, especificamente sobre a vocação à vida laical. Espero que seja suficiente para a sua arrancada inicial.

Vamos ao nosso encontro!

VOCAÇÃO LAICAL: SER FERMENTO DE TRANSFORMAÇÃO NO MUNDO

Em nossa comunidade, existem alguns movimentos e pastorais, nos quais muitas pessoas estão engajadas. São os ministérios leigos, que fazem a nossa comunidade ir para frente. Todos nós somos cristãos leigos, porque não temos o ministério ordenado (não somos diáconos, nem padres, nem bispos). Somos chamados a viver o nosso batismo no mundo, para a construção de uma sociedade mais justa e solidária.

O CRISTÃO LEIGO É COMO O FERMENTO NA MASSA DO PÃO: MESMO SEM APARECER, A GENTE TRANSFORMA A REALIDADE.

Pelo batismo, fomos inseridos em nossa comunidade de fé. Nossos pais e padrinhos assumiram o compromisso de sermos cristãos. Agora, que já somos "grandes", temos a capacidade de dizer o nosso "sim". Quem diz "sim!" assume a vocação laical de, onde estiver, casado ou solteiro, consagrado ou missionário, ser sinal de Cristo e fazer as coisas que ele fez. Nas comunidades, há muitas pessoas envolvidas em trabalhos comunitários: na catequese, nos grupos de coroinhas, na liturgia, na infância missionária, nas pastorais sociais e em tantos outros trabalhos. Conscientes do chamado à santidade, elas estão assumindo a vocação de ser cristão leigo. Além de ser coroinha, em que você pode ajudar em sua comunidade? À medida que for crescendo, poderá assumir outros trabalhos.

Ser cristão leigo é ter consciência de que não se pode cruzar os braços. Sempre existirá trabalho nos esperando e pessoas por quem poderemos doar um pouco de nós. Já pensou se em nossa igreja, em nossa comunidade, não existissem essas pessoas? E se todo mundo que fosse fazer um trabalho cobrasse por ele? Seria muito triste...

Deus nos criou para a felicidade. Só poderemos ser felizes em uma comunidade que vive a comunhão e a participação. Dessa forma, o amor cristão tem vez, e as pessoas crescem sabendo que são responsáveis pela edificação do Reino de Deus. Conscientes disso, não faltarão pessoas para assumir os diversos ministérios da comunidade, receptivas a outras que quiserem realizar sua vocação.

Repito que ser cristão leigo no mundo é ser fermento na massa, é lutar para que o mundo seja melhor e que a mensagem de Cristo esteja em todo lugar: na escola, no trabalho, na política, seja onde for. Você, como batizado, consciente de sua missão, deve ser testemunha fiel e assumir o que lhe foi confiado por Cristo: "Vós sois o sal da terra. Vós sois a luz do mundo..." (Mt 5,13ss).

Precisamos valorizar muito a nossa família, que é a nossa Igreja doméstica. É lá que aprendemos, em primeiro lugar, a ser verdadeiros cristãos, verdadeiros vocacionados. Ao olhar o testemunho de nossos pais, tios e avós, perceberemos se vale a pena ou não ser cristão. Se você foi batizado, cobre de seus pais ou responsáveis o seu testemunho e o direito de aprender a ser cristão. Seja também testemunha do Cristo para eles, para seus amigos... Como coroinha, você já sabe bastante sobre Jesus e sua Igreja.

A maioria dos cristãos leigos é casada, e muitos são pais. Outros não se casam por opção e, mesmo sem ordenação, vivem a vocação laical. Os solteiros tornam-se missionários e vão para outras terras testemunhar o amor cristão. Muitos formam pequenas comunidades de vida e vivem ali a Boa-Nova de Cristo. São muitos os caminhos, como você bem pode ver.

COMO CRISTÃO LEIGO, VOCÊ ASSUME OS MINISTÉRIOS NA COMUNIDADE E AINDA TEM UMA VIDA PROFISSIONAL NA SOCIEDADE.

Quando eu era pequeno, sonhava ser piloto de avião. Vivia fazendo aviões de papel, pára-quedas, e meus desenhos eram só de aviões. Mas, à medida que fui crescendo, meus sonhos mudaram: trabalhar na televisão, ser escritor... Sonhei muito. Hoje sou padre. E você?

Para Deus, não importa o ministério que assumimos, a profissão que temos, se escolhemos ser cristão leigo, padre, religioso ou missionário. O sonho de Deus é que sejamos felizes, realizados, santos. Para isso é que ele nos criou. Cada um precisa escolher o seu caminho com a ajuda de Deus e dos outros.

VOCÊ... EU... TODOS! SOMOS CHAMADOS À FELICIDADE. QUAL SERÁ A VOCAÇÃO, O CAMINHO, QUE NOS FARÁ FELIZES?

🕴️🕴️🕴️ Trabalho em grupo

Turma dividida em três grupos. Cada um responde às seguintes perguntas:

1. Quais são as pastorais e os movimentos que existem em sua comunidade?
2. Qual a quantidade aproximada de cristãos leigos atuantes nela?
3. Qual é a pastoral ou movimento com mais expressão? Por quê?
4. Existe uma pastoral ou um movimento em dificuldade? Justifique sua resposta.
5. Está faltando uma pastoral ou um movimento em sua comunidade? Qual? Por que ainda não existe?

Em seguida, cada grupo apresenta as suas conclusões.

🕴️ Trabalho individual

Cada coroinha recebe uma folha em branco. À sua disposição: lápis de cor, giz-de-cera, canetinhas... Por meio de desenhos, cada um responde às seguintes perguntas:

– Como me vejo daqui a 10 anos?

– O que estarei fazendo?

– Onde estarei?

– Como estarei (feliz, realizado)?

Depois, em círculo, cada um apresenta o desenho, explicando-o sucintamente. Pedir que cada um guarde o seu trabalho como lembrança do encontro.

Em casa

1. Reze e copie em seu caderno:

    a) Mt 5,13-18;

    b) Mt 25,37-40.

2. Para você, qual é o significado das passagens citadas? Isso está relacionado com a vocação a ser cristão leigo?

 Oração

Senhor, tu me chamaste à vida. Chamaste-me a ser pessoa. Mas, também me chamas a assumir outra vocação: a de ser sal e luz no mundo. Para isso, precisarei muito de tua ajuda, pois não é fácil testemunhar-te em todos os lugares. Ajuda-me a ser fiel ao meu batismo, fermento da massa, fazendo com que este mundo seja um pouco melhor com a minha presença. Eu conto contigo, pois sei que não deixas ninguém sozinho. Que eu seja instrumento de tua paz. Amém!

Encontro XVIII

Padres e religiosos

Penúltimo encontro vocacional! Já conversamos sobre a vocação fundamental à vida: ser cristão leigo e coroinha. Hoje, falaremos sobre a vocação específica do presbítero (padre) e à vida religiosa. Fica faltando, ainda, a vocação a ser missionário. Esta, todavia, está presente em todas as que aqui já foram tratadas.

Para este encontro, que tal convidar um padre ou uma irmã? Ou visitar o padre em sua casa e pedir que fale sobre sua vida?

Vocação à vida presbiteral e à religiosa

Você conhece o padre de sua comunidade e sua história de vida? De onde ele veio, quem são seus pais, onde já trabalhou, como foi o seu ingresso no seminário? Já esteve com ele no presbitério?

De qualquer forma, ele foi criança como você, fez "arte", brincou bastante, estudou e, numa certa altura da vida, disse que seria padre. Uns decidiram se casar; ele resolveu ser padre.

E VOCÊ, JÁ PENSOU EM CASAMENTO? FICARÁ SOLTEIRO? SERÁ PADRE? SERÁ MISSIONÁRIO?

Com certeza, o Senhor chama a todos para serem seus discípulos. Porém, não escolhe a maneira de cada um ser. Isso depende de nós, de nossas disposições, de nossos dons, de nossa vontade. Se a escolha for para o bem, o Senhor sempre nos ajudará a seguir adiante.

Então, o padre daí, daqui, de cada lugar, respondeu um dia: "Sim, Senhor, eu quero ser um anunciador do teu Reino, consagrando-me totalmente a ti. Eu quero estar na frente de uma comunidade, em teu nome, e ser instrumento de tua paz". Dito isso, foi se preparar. Entrou num seminário. Por muitos anos, preparou-se para estar com as pessoas e entendê-las como Jesus fazia com os seus. Foram muitos anos de estudo.

Você sabe quantos anos de seminário são necessários para ordenar-se padre ou religioso?

São aproximadamente 10 anos de estudos, de oração e de muito contato com as pessoas. Isso é só o começo, pois a gente dificilmente fica pronto. E isso vale para tudo!

Depois do tempo de seminário, a ordenação! É uma cerimônia muito bonita, presidida pelo bispo. A igreja fica lotada: todos presentes para celebrar com o ordenando esse momento de mistério e alegria.

Você já participou de uma ordenação presbiteral? Como foi? O que lhe marcou mais?

Eis o padre, então, ordenado, ganhando uma nova família: a sua comunidade, a quem dedicará sua vida por amor àqueles a quem encontrar, a exemplo de Cristo.

Para você responder, sem pensar muito:

1. Como o padre atua em sua comunidade?
2. Que tipo de padre o mundo precisa?

Os padres transmitem-nos a Palavra de Deus, estão à frente da comunidade e santificam o seu povo, sobretudo pela celebração da eucaristia. Espelhando-se em Jesus Cristo, o grande sacerdote, ele serve sempre aos irmãos e às irmãs mais necessitados. Sua presença irradia justiça, sua palavra traz esperança e coragem, e sua ação é transformadora. Ele é líder de um povo, está à sua frente, assim como Moisés caminhou adiante de seu povo em busca da terra prometida. É animador, confortador, um lutador pela paz, um homem de Deus. Sempre em oração, seus gestos traduzem o amor de Deus para com o seu povo. E, assim, torna-se uma pessoa feliz, realizada com aquilo que faz: amigo das pessoas, presença marcante na comunidade, acolhedor, próximo, brincalhão, com espírito de jovem. Por isso, quem se decidiu a ser padre, com a graça de Deus, vá em frente, não desanime, pois o Senhor está caminhando junto e torcendo para que consiga chegar lá!

Existem os padres diocesanos, que trabalham diretamente ligados a seu bispo, em uma diocese, e ficam, em sua grande maioria, nas paróquias. Há também os padres religiosos, vinculados a uma congregação. Trabalham em uma causa, segundo o carisma da congregação. Por exemplo, os salesianos atuam na educação; os camilianos, nos hospitais; os redentoristas, nas missões... e assim por diante.

Nisso, já entramos em outra vocação específica: a vida religiosa, para a qual são chamados rapazes e moças, homens e mulheres que, por amor ao Reino, assumem uma nova família – uma congregação ou um instituto – e passam a viver juntos, com tudo em comum. Também eles têm uma longa preparação, até o dia em que professam os votos de pertença à comunidade e a Deus: votos de castidade, de pobreza e de obediência evangélica.

Existem religiosos (padres e irmãos) e religiosas (irmãs) que, ao entrarem numa congregação, passam a viver segundo o carisma do seu fundador. Assim temos uma infinidade de congregações, que trabalham nos mais diversos setores da sociedade: em hospitais, nas escolas, em abrigos, nas ruas, em leprosários... Onde houver alguém precisando, lá estarão esses homens e mulheres de Deus. São Francisco de Assis, santa Clara e madre Teresa de Calcutá são exemplos de fundadores de ordens religiosas. Com seus estilos de vida, atraíram muitos seguidores. É assim que começa uma congregação. Há milhares de congregações religiosas no mundo.

Você conhece uma congregação religiosa? Qual? Em sua comunidade trabalha uma irmã, um irmão ou padre religioso? A qual congregação ele ou ela pertence? Você conhece o trabalho deles? Se não há nenhuma congregação, que tal conhecer uma próxima de seu bairro?

Tanto o padre diocesano quanto o religioso ou a religiosa não são alienados do mundo. A eles não é proibido ter contato com a família. É certo que eles não se casam, mas assumem uma família religiosa, que é a sua comunidade. É possível notar um padre ou uma irmã no meio das pessoas. Eles são diferentes... Algo os faz ser assim. Estão na comunidade para se santificar e para santificá-la, para dar testemunho de paz, justiça, alegria, felicidade...

Você quer ser religioso ou religiosa? Então, pergunte-se:

1. Qual o dom que Deus lhe deu?
2. Em que setor você gostaria de trabalhar?

Basta entrar em contato com uma das congregações ou institutos existentes para essa finalidade e não desistir!

🏠 Em casa

👪 Trabalho em grupo

Turma dividida em dois grupos:

- 1º grupo: Elaboração de uma entrevista com o padre da comunidade. Pergunte sobre sua vida antes do seminário, como se sentiu chamado à vida presbiteral, como foi seu período no seminário, onde trabalhou como padre, o que o faz feliz, qual a sua mensagem para o grupo.

- 2º grupo: Criação de cartazes sobre algumas congregações religiosas existentes nas proximidades. Colocar em cada cartaz: nome da congregação, carisma, com o que trabalham, endereço para correspondência e outros dados colhidos.

O trabalho será apresentado no próximo encontro.

👤 Trabalho individual

1. Reflita e discuta a respeito do significado das seguintes frases:

    – Viver é crescer como gente.

    – Viver é amar e cultivar a vida.

    – Viver é escutar e seguir o chamado de Deus.

    – Viver é acreditar em Jesus Cristo e querer segui-lo.

    – Viver é trabalhar pela justiça e fraternidade.

    – Viver é ajudar o necessitado.

- Viver é conhecer e amar a Deus.
- Viver é descobrir e assumir a vocação cristã.
- Viver é amar e servir aos irmãos, como Jesus.
- Viver é dizer "não" às drogas, aos vícios.
- Viver é correr riscos para libertar e salvar o irmão

2. Se você tivesse que assumir, agora, uma vocação específica, qual escolheria? Por quê?

Oração

Senhor, obrigado pelo chamado de tantos padres, religiosos e religiosas de nossa Igreja. Que todos consigam ser fiéis à tua Palavra, testemunhando-te radicalmente em todos os lugares, durante muito tempo. Dá perseverança a todos eles e ajuda-os em suas dificuldades, para que sempre consigam transmitir alegria e esperança na luta por um mundo mais justo e humano. Paizinho, continua a chamar os pequeninos para esses serviços e, se for de tua vontade, que seja eu também um desses. Amém!

Encontro XIX

Ser missionário

Chegamos ao nosso último encontro...

TODOS NÓS SOMOS CHAMADOS A SER MISSIONÁRIOS!

Num dos nossos primeiros encontros, falamos que Jesus nos enviou para todas as nações a fim de sermos seus discípulos e discípulas. Alguém se lembra onde está, na Bíblia, esse mandato do Senhor?

"Foi-me dada toda autoridade no céu e na terra. Ide, pois, fazer discípulos, entre todas as nações, e batizai-os em nome do Pai, do Filho e do Espírito Santo. Ensinai-lhes a observar tudo o que vos tenho ordenado. Eis que estou convosco todos os dias, até o fim dos tempos!" (Mt 28,18b-20).

O pedido de Jesus é bem claro: não é apenas para algumas pessoas, mas para todas. Isso quer dizer que todos os batizados são chamados a ser missionários (solteiros, casados, padres, freiras). Ora, se é para todos nós sermos mensageiros do Senhor, isso implica que você também precisa ser...

Você já é missionário do Senhor?

Toda a Igreja é missionária, porque foi Jesus quem pediu para sê-lo. Ao assumir esse chamado, tem de sair de si e dizer a todos que é preciso lutar pela paz e que é possível viver o amor.

O que o missionário precisa fazer? Você se sente missionário?

Ser missionário é romper as fronteiras geográficas, sair do seu "cantinho" e partir para outros lugares. É aquele que visita as casas e testemunha o Senhor vivo e ressuscitado.

Você já ouviu falar dos grupos de reflexão ou dos círculos bíblicos? As pessoas que se reúnem nesses grupos para estudar a Palavra de Deus, refletir sobre as coisas dele e assumir o compromisso de transformação da realidade são missionárias porque compartilham seus sonhos, transmitindo aquilo que rezaram e refletiram a outras pessoas durante a visita às casas. Desde a época dos primeiros apóstolos, isso ocorre. Eles fundaram muitas comunidades e converteram muitos pagãos ao cristianismo. Depois deles, vieram muitos outros, que percorreram praticamente o mundo inteiro. Isso não quer dizer que o trabalho já tenha terminado. Ao contrário, temos muito que fazer. Muitas regiões do mundo ainda precisam ser evangelizadas, e todos têm o direito de conhecer a mensagem de Jesus. Talvez, aí perto de sua casa, muitas pessoas não conheçam Jesus, por isso não vivem a sua mensagem.

Você conhece alguém que ainda não ouviu falar de Jesus?

Alguns dados constatam que muitas pessoas ainda não conhecem Jesus:

- África: 640 milhões de habitantes. Desses, aproximadamente 400 milhões ainda não ouviram falar de Jesus;
- América: 725 milhões de pessoas. Dessas, aproximadamente 70 milhões não são cristãs;
- Europa: 770 milhões de habitantes. Desses, 250 milhões ou são ateus ou não são cristãos;
- Oceania: 26 milhões de pessoas. A grande maioria não conhece Jesus;
- Ásia: 3,15 bilhões de habitantes. Desses, 2,9 bilhões não são cristãos.

Muitas pessoas já seguem Jesus Cristo, mas outras não: muitas porque não querem, e essas nós precisamos respeitar; mas outras não o fazem porque não vêem pessoas testemunhando-o.

O que você pode fazer para mudar um pouco esse quadro?

Uma coisa é certa: mais que ouvir falar de Jesus, as pessoas precisam nos ver vivendo a sua mensagem. Hoje, nós não vivemos mais na era da fala, mas na do viver, do testemunhar. Por isso, nós, como missionários e missionárias, precisamos testemunhar Jesus Cristo vivo em nosso meio.

Testemunhar Jesus Cristo, entretanto, não significa desejar que todas as pessoas sejam católicas, mas que todos vivamos os ideais de Cristo: o amor, a paz, a justiça... Dessa forma, estaremos unidos numa grande família. Porém, enquanto existirem divisões religiosas e diferenças raciais, estaremos muito longe do sonho de Cristo e de Deus. Onde estivermos, ali sejamos missionários, testemunhando a Boa-Nova, na alegria de sermos instrumentos da paz do Senhor!

Se você sente o chamado do Senhor para ser missionário ou missionária em outras terras, em outros países, procure as congregações religiosas que se dedicam exclusivamente a esse trabalho. Peça mais informações a seu pároco, aos agentes da pastoral vocacional de sua comunidade ou escreva para uma congregação.

🧍 Trabalho individual[10]

1. Escolha cinco itens que na lista abaixo lhe chamam mais atenção:

- Há missionários e missionárias, nossos irmãos e irmãs, arriscando a vida pela missão dentro e fora do país.

- Atualmente, há mais de 900 missionários brasileiros atuando em outros países.

- Quero ser missionário em meu país, participando de projetos que colaboram com as missões, como: fazer parte de equipes missionárias, rezar, participar do mês missionário (outubro) em minha comunidade e de romarias, campanhas financeiras.

- A Igreja existe não para si, mas para o mundo, para servir a humanidade, para evangelizar. Eu, como Igreja, vivo para servir.

- Quero colaborar com as pessoas mais necessitadas, sendo missionário(a) em seu meio.

- Missionário é alguém que ama muito a Jesus e aos irmãos, por isso sai de si mesmo para ajudar aos irmãos, não temendo sacrifícios.

---

[10] Adaptação de questões extraídas das maratonas vocacionais, produzidas pela Pastoral Vocacional da Arquidiocese de Florianópolis (SC).

2. O que você pode e quer fazer para ser missionário?

3. Leia as frases relacionadas a seguir. Depois, escolha algumas delas e exercite sua criatividade, elaborando um texto em forma de prosa ou poesia.

   a) Vocação é um dom de Deus.
   b) O amor exige compromisso.
   c) Somos chamamos para uma missão.
   d) A vida é um presente que Deus nos ofereceu.
   e) Cristo ama cada um de nós.
   f) O Senhor espera por você.
   g) Maior é aquele que doa.
   h) Devo cumprir minha missão.
   i) Estou pronto para seguir a Palavra.
   j) Deus é bom.
   l) "Senhor, eis-me aqui!"

4. Leia Mc 16,15-18 e escreva a sua interpretação da passagem.

 ## Oração

Senhor Jesus Cristo, faze que a nossa Igreja seja sempre mais missionária. Que nós sejamos sempre missionários, nos lugares onde vivemos, junto às pessoas que estão afastadas da comunidade, nas diferentes regiões de nosso Brasil e também em outros países. Abençoa todos aqueles que já assumiram esse mandato e desperta o nosso coração para essa missão. Amém!

Bibliografia

ALDAZÁBAL, José. A eucaristia. Petrópolis, Vozes, 2002. 488 p.

_____. Gestos e símbolos. São Paulo, Loyola, 2005. 300 p.

ARQUIDIOCESE de Florianópolis. Maratonas vocacionais 1, 2, 3, 4, 5 e 6.

BECKHÄUSER, Alberto. Viver em Cristo; o ano litúrgico. 2. ed. Petrópolis, Vozes, 1996. 320 p.

BERGAMINI, Augusto. Cristo, festa da Igreja. História, teologia, espiritualidade e pastoral do ano litúrgico. São Paulo, Paulinas, 1994. 493 p.

CECHINATO, Luiz. A missa parte por parte. 8. ed. Petrópolis, Vozes, 1984. 179 p.

CHIQUIM, Carlos Alberto & OLIVEIRA, Paulo Eduardo de. Coroinha – a serviço da comunidade. São Paulo, Loyola, 2004. 149 p.

CNBB. A música litúrgica no Brasil. 3. ed. São Paulo, Paulus, 1999. p. 132. (Documento 79).

CLASEN, Severino. Chamados a serviço do Reino. São Paulo, Próvocações franciscanas, 1992. 104 p.

GÓIS, João de Deus. O coroinha e a liturgia. 2. ed. São Paulo, Loyola, 2001. 45 p.

INSTRUÇÃO Geral do Missal Romano, 3. ed. São Paulo, Paulinas, 2006.

RUBIO, Alfonso Garcia. Unidade na pluralidade. 3. ed. São Paulo, Paulus, 2001. 695 p.

SOUZA, Sérgio Jeremias de. Caminhada vocacional; livro vocacional para coroinhas. São Paulo, Ave-Maria, 1999. 62 p.

VV.AA. Bíblia de Jerusalém. São Paulo, Paulinas, 1992.

ZILLES, Urbano. Significação dos símbolos cristãos. 5. ed. Porto Alegre, Edippucrs, 2001. 151 p.

Sumário

Apresentação 5

Conversa inicial 9

PARTE I
Iniciação litúrgica

Encontro 1 – Deus me chamou à vida 13

Encontro 2 – Sou cristão 17

Encontro 3 – Pessoas e gestos na missa 23

Encontro 4 – Ritos iniciais 29

Encontro 5 – Liturgia da Palavra 35

Encontro 6 – Liturgia eucarística 41

Encontro 7 – Comunhão e missão 49

Encontro 8 – Ano litúrgico I 55

Encontro 9 – Ano litúrgico II 61

Encontro 10 – Símbolos litúrgicos I 71

Encontro 11 – Símbolos litúrgicos II 77

Encontro 12 – Livros e objetos litúrgicos 83

Encontro 13 – Vestes litúrgicas 89

PARTE II
O Senhor nos chama

Encontro 14 – Um pouco de história I 97

Encontro 15 – Um pouco de história II 103

Encontro 16 – O Senhor me chamou: coroinha sou! 107

Encontro 17 – Vocação do leigo 113

Encontro 18 – Padres e religiosos 119

Encontro 19 – Ser missionário 125

Bibliografia 131

Rua Dona Inácia Uchoa, 62
04110-020 – São Paulo – SP (Brasil)
Tel.: (11) 2125-3500
http://www.paulinas.com.br – editora@paulinas.com.br
Telemarketing e SAC: 0800-7010081